SCHLANK
& SCHÖN

BEAUTY
—
FOOD

Christina Wiedemann

SCHLANK
& SCHÖN

BEAUTY
—
FOOD

DEIN LEICHTER EINSTIEG IN DIE
GESUNDE ERNÄHRUNG

MIT 50 WOHLFÜHLREZEPTEN

EIN BUCH DER
EDITION MICHAEL FISCHER

INHALT

VORWORT

Du möchtest glänzendes Haar, starke Nägel, einen strahlenden Teint und erfolgreich deine persönliche Traumfigur halten? Dann musst du nur zugreifen!

Schlank essen mit dem Beauty-Faktor ist ganz einfach: Wer die richtigen Lebensmittel zu sich nimmt, fühlt sich nicht nur besser, sondern sieht auch besser aus. Verpackt in köstlichen Gerichten, kannst du deine Gesundheit, Vitalität und Schönheit auf natürliche Weise positiv beeinflussen.

Auf den folgenden Seiten erfährst du alles Wissenswerte darüber, wie du gut gelaunt dein Idealgewicht halten kannst. Du bekommst dazu kein neues Diätrezept an die Hand – im Gegenteil, ich erkläre dir, warum Diäten zum Scheitern verurteilt sind und meist mit dem berühmten Jo-Jo-Effekt enden! Dafür verrate ich dir, welche Lebensmittel auf den Teller müssen und wie du dir selbst deinen Tagesplan mit Beauty-Faktor einfach zusammenstellen kannst – mit wenig Stress und null Hunger. Sollte sich der kleine Hunger doch einmal melden, biete ich dir wirkungsvolle Strategien, wie du fiesen Heißhungerattacken am besten begegnest, und zeige dir gesunde und einfache Snackideen für einen nachhaltigen Energieschub.

Außerdem erfährst du, welche Beauty-Lebensmittel auf deine nächste Einkaufsliste gehören, um dich bei deiner Schönheitspflege von innen zu unterstützen, und mit welchen wertvollen Inhaltsstoffen die Beauty-Assistenten für straffe Haut, starke Nägel, glänzendes Haar und einen fitten Körper sorgen. Auch bekannte Superfoods stelle ich vor: Mit einer Extraportion an gesunden Vitalstoffen ergänzen sie effektvoll dein Schönheitsprogramm.

Last, but not least liefere ich dir ausführliches Hintergrundwissen zum Thema Bewegung, damit du motiviert aktiv werden kannst. Denn regelmäßiges Training lockt Glückshormone, sorgt für einen schönen Body und kurbelt den Stoffwechsel an. Und für den Notfall gibt es ein paar hilfreiche Ideen, wie du deinem inneren Schweinehund die Rote Karte zeigst.

Im Rezeptteil findest du leckere Frühstücksideen, die dich lange satt machen und schnell zubereitet sind, damit du mit frischer Energie in den Tag starten kannst. Dazu kommen köstliche Wohlfühlrezepte für mittags und abends, die einen hohen Gehalt an wertvollen Vitalstoffen und Ballaststoffen liefern und so den Stoffwechsel ankurbeln. Viele Gerichte lassen sich auch einfach vorbereiten und ins Büro mitnehmen. Ein ausführliches Beauty-Plus bei jedem Rezept informiert dich darüber, wie die Schönheitsassistenten für ein dauerhaft strahlendes Aussehen und eine schlanke Taille sorgen.

Genussvoll schlank essen und gleichzeitig Haut und Haare nähren funktioniert ganz einfach: Gönn nicht nur deinem Körper, sondern auch Geist und Seele alles, um fit, gesund und schön zu sein: ausgewogene Ernährung, entspannte Pausen, ausreichend Bewegung und erholsamen Schlaf. Das ist das Geheimnis einer guten Figur und strahlendem Aussehen mit Glow-Effekt!

Viel Freude bei deinem Einstieg in ein genussvolles „Schlank und Schön",

wünscht dir

Christina Wiedemann

Basics

MEHR WISSEN, UM WENIGER ZU WIEGEN: AUSFÜHRLICHES
HINTERGRUNDWISSEN ZU JO-JO-EFFEKT, HEISSHUNGER UND
WOHLFÜHLGEWICHT ERLEICHTERN DIR DEN EINSTIEG
IN EINE GESUNDE ERNÄHRUNG.

SCHLANK & SCHÖN ESSEN

Du möchtest dich gern bewusst ernähren und dein Gewicht unter Kontrolle halten, hast aber keine Lust auf Verbote? Dann mach dein Essen zum Teil deines Schönheitsprogramms. Denn das Geheimnis von „Schlank & schön" liegt darin, nicht weniger zu essen, sondern das Richtige. Richtig gut essen und dabei Körper, Haut und Haare wirkungsvoll von innen zu pflegen. Vitalstoffe schützen vor freien Radikalen und sorgen für straffe Haut, starke Nägel, kräftiges Haar und einen fitten Körper.

Wer auf kurzfristige Crash-Diäten baut, setzt seinen Körper unnötig unter Stress, denn sie sind wirkungslos und ungesund. Mit den „Schlank & schön"-Rezepten triffst du die richtige Wahl! Unsere Gerichte mit Beauty-Faktor schenken dir nicht nur Schönheit von innen, sondern auch löffelweise puren Genuss!

Der Schlüssel zum Erfolg für eine gesunde Ernährung liegt also nicht im Hungern oder einer geringen Nahrungsaufnahme. Die erfolgreiche Methode für einen gesunden und fitten Körper lautet, sich ausgewogen zu ernähren. So kannst du am besten dein Idealgewicht halten. Das bedeutet jedoch nicht, dass du nun jedes Lebensmittel unter die Lupe nehmen musst. Frische Zutaten wie knackiges Obst und Gemüse, vollwertiges Getreide und gute Fette sind die Geheimwaffen. Eine bewusste Ernährung heißt ganz einfach sich in Summe ausgewogen ernähren. Dank der wertvollen Nährstoffe bleibst du lange satt, und Heißhungerattacken bleiben aus – so steht der Idealfigur nichts mehr im Wege.

WIE VIELE KALORIEN BRAUCHE ICH TÄGLICH?

Mit der täglichen Nahrung muss dem Körper so viel Energie geliefert werden, damit der tägliche Bedarf gedeckt ist. Das bedeutet, alle wichtigen Organ- und Zellfunktionen aufrechtzuerhalten und darüber hinaus noch genügend Energie für die tägliche Arbeit zur Verfügung zu haben. Die Energie wird in Kilokalorien (kcal) – umgangssprachlich Kalorien – gemessen. Isst du mehr, als dein Körper verbraucht, wird die überschüssige Energie in Fett umgewandelt und im Fettgewebe gespeichert – Übergewicht ist die Folge.

Wie viele Kalorien beziehungsweise wie viel Energie der Körper verbraucht, variiert von Mensch zu Mensch und hängt auch von der körperlichen Aktivität ab. Die DGE (Deutsche Gesellschaft für Ernährung) empfiehlt bei geringer körperlicher Aktivität eine tägliche Energiezufuhr von 1.800 kcal für Frauen und 2.300 kcal für Männer im Alter von 25–51 Jahren.

Alter	körperliche Aktivität in kcal/Tag			
	Ruheenergieverbrauch kcal/Tag		Richtwerte für die Energiezufuhr kcal/Tag (PAL-Wert 1,4)*	
	m	w	m	w
15 bis unter 19 Jahre	1.850	1.430	2.600	2.000
19 bis unter 25 Jahre	1.730	1.370	2.400	1.900
25 bis unter 51 Jahre	1.670	1.310	2.300	1.800
51 bis unter 65 Jahre	1.580	1.220	2.200	1.700
65 Jahre und älter	1.530	1.180	2.100	1.700

D-A-CH-Referenzwerte für die tägliche Nährstoffzufuhr (2015)

*Unter Berücksichtigung der Referenzmaße von Körpergröße und -gewicht. Die angegebenen Werte gelten bei ausschließlich sitzender Tätigkeit mit wenigen oder ohne Anstrengungen in der Freizeit. Körperlicher Aktivitätslevel (physical activity level) gibt das Maß für die körperliche Aktivität an.
PAL-Wert = 1,4 (Ruheenergie × 1,4). Für andere Aktivitätslevel gelten folgende PAL:
Ruheenergie × 1,6–1,7: überwiegend sitzend, wenig/keine Anstrengung in der Freizeit
Ruheenergie × 1,8–1,9: überwiegend gehend und stehende Arbeit
Ruheenergie × 2,0–2,4: körperlich anstrengende Arbeit/anstrengende Freizeitaktivität

DER GESAMTENERGIEVERBRAUCH

Der Energiebedarf jedes Menschen ergibt sich aus dem Grundumsatz und dem Leistungsumsatz. Der Grundumsatz umfasst unsere grundlegenden Leistungen wie Atmung und die Tätigkeit des Herzmuskels oder der Nerven. Auch bei völliger Ruhe, also ebenso im Schlaf, fällt der Grundumsatz an. Der Leistungsumsatz ist jegliche Energie, die über den Grundumsatz hinaus benötigt wird, etwa durch Bewegung, Verdauung oder Wachstum.

Wie viel Energie du täglich verbrauchst, hängt also unter anderem von deiner körperlichen Aktivität ab. Wer Sport treibt, verbraucht mehr Kalorien. Denn durch sportliche Bewegung erhöht sich nicht nur der Leistungsumsatz, sondern auch der Grundumsatz. Das liegt daran, dass Muskeln einen wesentlich höheren Energieverbrauch haben und stoffwechselaktiver sind als Fettgewebe. Letzteres dient vor allem als Depot für Energiereserven. Menschen mit gut entwickelter Muskulatur haben somit einen deutlich höheren Grund- und Leistungsumsatz (Gesamtenergieverbrauch) als Menschen mit wenig Muskulatur. Aber keine Sorge, du musst nicht zum Bodybuilder werden – es reicht bereits aus, wenn du dich zwei- bis dreimal die Woche bewegst. Mehr Tipps zum Thema Bewegung findest du ab Seite 52.

Was ist nun zu dick und was ist normal? Und was ist das Idealgewicht? Sicherlich gibt es hierzu unterschiedliche Meinungen. Wichtig ist es, dass du dein eigenes Wohlfühlgewicht findest, und das müssen keine Modelmaße sein. Und schlank bedeutet auch nicht automatisch gesund und dick nicht unbedingt krank. Aber ein Zuviel, ebenso wie ein Zuwenig können die Gesundheit gefährden. Gerade Übergewicht und Adipositas (Fettsucht) sind bedeutende Risikofaktoren für zahlreiche Erkrankungen wie Bluthochdruck, Diabetes, erhöhte Blutfettwerte und Gefäßerkrankungen. Deshalb ist es sinnvoll, zu klären, ob die Energiezufuhr durch die Nahrung dem tatsächlichen Bedarf entspricht. Das lässt sich leicht aus dem Körpergewicht ablesen. Dafür gibt es ganz unterschiedliche Methoden, wie zum Beispiel den Body-Mass-Index (BMI).

Der BMI basiert auf wissenschaftlichen Untersuchungen und gibt den Gewichtsbereich an, der für eine bestimmte Körpergröße die höchste Lebenserwartung bietet sowie das kleinste Risiko für ernährungsbedingte Krankheiten. Der BMI errechnet sich nach folgender Formel:

Körpergewicht in Kilogramm geteilt durch Körpergröße in Meter zum Quadrat.

Demnach beträgt der BMI beispielsweise bei einer Frau mit einer Körpergröße von 1,70 m und einem Gewicht von 65 kg:

$65 : (1{,}70 \times 1{,}70) = 22{,}49$

Das liegt im Normbereich.

Bereich	Frauen	Männer
Untergewicht	< 19	< 20
Normalgewicht	19 – 24	20 – 25
Übergewicht	24 – 30	25 – 30
starkes Übergewicht	30 – 35	30 – 35
Adipositas	≥ 40	≥ 40

(Quelle: DGE)

WIE KOMMT ES ZU ÜBERGEWICHT?

Eine klassische Erklärung ist die der positiven Energiebilanz. Essen wir mehr, als wir verbrauchen, wird die überschüssige Energie in Fett umgewandelt und im Fettgewebe gespeichert. Meist führt eine Kombination aus einer zu kalorienreichen Ernährung und Bewegungsmangel zu Übergewicht.

Übergewicht muss aber nicht unbedingt Folge von zu viel Nahrung sein. Auch die Qualität der Nahrung ist wichtig: Vollwertige, ballaststoffreiche, gut gekaute und damit ausreichend „vorverdaute" Lebensmittel werden besser vom Körper genutzt und verstoffwechselt – sie machen deshalb weniger dick. Fertig- oder Halbfertiggerichte enthalten meist Geschmacksverstärker, Aromastoffe und weitere Zusatzstoffe, die den Körper und den Stoffwechsel negativ beeinflussen. Stehen zu viele dieser verarbeiteten Lebensmittel auf dem Speiseplan, kann dies nicht nur zu Übergewicht, sondern darüber hinaus zu Allergien, Nahrungsmittelunverträglichkeiten und Stoffwechselkrankheiten führen.

VORSICHT MIT DIÄTEN UND WARUM SIE ZUM SCHEITERN VERURTEILT SIND!

Wenn du allerdings meinst, dein Gewicht durch regelmäßige Diäten reduzieren zu können, dann irrst du dich. Wenn der Körper keine Nahrung mehr bekommt, glaubt er, eine Hungersnot stünde bevor. Der Körper fängt an, von den Reserven zu zehren. Als Erstes werden die Zuckerreserven abgebaut. Dabei geht viel Flüssigkeit in Form von Wasser verloren. Daher ist der Erfolg in den ersten Tagen immer vielsprechend, meist werden rund zwei bis drei Kilo abgenommen. Anschließend geht es an die Fettdepots und das Muskeleiweiß. Während der Verlust der Fettpolster wünschenswert ist, wirkt der Muskelabbau wie eine Bremse und erschwert die Gewichtsreduktion. Denn jedes verlorene Gramm Muskeln ist ein effektiver Brennofen weniger für die Fettzellen. Der Fettabbau läuft nun sehr langsam ab. Und es wird mit jedem Tag schwieriger, mehr Gewicht zu verlieren. Sobald das Wunschgewicht erreicht ist und wieder normal gegessen wird, wird alles, was über die bisher zugeführte Energie hinausgeht, sofort vom Körper gespeichert, um für die nächste Hungerperiode gerüstet zu sein.

ÜBERGEWICHT ALS NORMALZUSTAND?

Laut der Deutschen Gesellschaft für Ernährung (DGE) nimmt die Zahl der Übergewichtigen in Deutschland weiter zu. 59 Prozent der Männer und 37 Prozent der Frauen sind übergewichtig. Mittlerweile sind überflüssige Pfunde bei Berufstätigen sogar der Normalzustand. Am Ende des Berufslebens sind 74 Prozent der Männer und 56 Prozent der Frauen übergewichtig.

DER JO-JO-EFFEKT!

Nach einer erfolgreichen Diät dauert es meist nicht lange und die geschmolzenen Pfunde sind wieder an Hüften, Bauch und Po zu finden. Zu allem Überfluss zeigt die Waage anschließend noch mehr an als vor der Diät.

Sobald das Wunschgewicht erreicht ist, kehren viele wieder zu ihren ursprünglichen Essgewohnheiten zurück. Das ist das Startzeichen für den Körper, die vermissten Nährstoffe zurückzuholen und für spätere Notzeiten zu speichern. Das Gewicht schnellt rasant nach oben. Bei häufigen Diäten ergibt sich so ein ständiges Auf und Ab an Gewicht – der Jo-Jo-Effekt lässt grüßen. Wer einmal mit dem Abnehmen angefangen hat, gerät in einen Teufelskreis, aus dem es schwierig ist, wieder herauszukommen. Denn durch wiederholtes Fasten nimmt das Körpergewicht nicht ab, sondern man hungert sich dick.

Die beste Anleitung für deine Wunschfigur ohne Diät ist, das Kalorienzählen zu streichen und sich langfristig an gesunden Gerichten satt zu essen. Dann darf es auch etwas mehr sein an feinem Essen, das dich besser aussehen lässt und dazu köstlich schmeckt. Das sorgt automatisch für deine Traumfigur.

OHNE ABENDESSEN INS BETT?

Dinner Cancelling, also nach 18 Uhr nichts mehr zu essen, gilt als Geheimtipp zum Abnehmen. Allerdings zeigt sich in der Praxis die schwierige Umsetzbarkeit. Denn wer nachmittags die letzte Mahlzeit isst, der schläft nachts schlecht, weil ihn der Hunger plagt, und das Frühstück am nächsten Morgen fällt dann doch größer aus als geplant.

Wer tagsüber ausgewogen isst und nicht um Mitternacht mit Heißhunger den Kühlschrank plündert, kann es ausprobieren. Allerdings solltest du höchstens einmal pro Woche das Abendessen ausfallen lassen.

Sicher hast du auch schon öfter einmal erlebt, dass du vor lauter Stress übersehen hast, rechtzeitig zu essen. Der anfängliche kleine Hunger wird dabei immer größer und hat sich auf einmal zum Heißhunger entwickelt.

Auch wer Mahlzeiten gezielt auslässt, verspürt früher oder später einen unbändigen Bärenhunger. Oftmals greift man dann aufgrund von Zeitmangel oder fehlender Mahlzeitenplanung auf besonders fett- und energiereiche Nahrungsmittel wie Fast Food, Sandwiches oder süßes Gebäck zurück. Der Blutzuckerspiegel schnellt in die Höhe. Daraufhin schüttet der Körper viel Insulin aus, um den Zucker rasch aus dem Blut in die Zellen zu schleusen. Sobald das Insulin seine Arbeit verrichtet hat und einen Zuckermangel meldet, droht der nächste Heißhungeranfall. Das führt zu einem Teufelskreis. Das Schlimme am Heißhunger ist aber nicht nur die unkontrollierte Aufnahme von ungesunder Nahrung, sondern dass die aufgenommene Nahrung noch schneller im Fettgewebe landet.

WIE MELDET DER KÖRPER, DASS ER SATT IST?

Schon kurz nach dem Beginn des Essens melden Rezeptoren an Magen und Darm, die auf Dehnung und Nährstoffe reagieren, die ersten Signale: Essen kommt. Dann dauert es nicht lange, bis alle Nährstoffe ins Blut gelangen. Das Sättigungsgefühl tritt jedoch nicht sofort ein, sondern erst nach etwa 15 bis 20 Minuten – diese Zeit brauchen die Regulationsmechanismen, um entsprechend zu reagieren. Wer Lebensmittel mit einem hohen Kalorien- und Fettgehalt hastig hinunterschlingt, gibt dem Körper also keine Chance, rechtzeitig zu melden: Ich bin satt. Der Mensch isst zu viel, was langfristig zu Übergewicht und einem Stoffwechselungleichgewicht führt. Es lohnt sich also, Zeit fürs Essen einzuplanen und das Sättigungsgefühl abzuwarten.

DIE ROLLE DER HORMONE

Nahrungsaufnahme und Körpergewicht des Menschen werden durch komplexe Prozesse gesteuert. Bekannte Botenstoffe sind beispielsweise das Hormon Leptin, das das Sättigungsgefühl unterdrückt, und Ghrelin, das das Verlangen nach Essen ankurbelt. Ein wichtiger Regulator für Hungergefühle ist der Blutzuckerspiegel. Fällt er unter einen bestimmten Wert, werden das Hungerzentrum

WIE ENTSTEHT HEISSHUNGER?

und Sättigungszentrum im Hypothalamus, dem Zwischenhirn, aktiviert – sie meldeen dem Körper über die Ausschüttung bestimmter Botenstoffe Hunger. Nach dem Essen steigt der Blutzuckerspiegel an. Das Hormon Insulin wird ausgeschüttet. Es sorgt dafür, dass die hohe Zuckerkonzentration im Blut abgebaut wird, und signalisiert gleichzeitig, dass genügend Energie aufgenommen wurde. Insulin hat somit einen appetithemmenden Effekt.

RICHTIG SATT WERDEN

Wie lange du satt bleibst, hängt von der Zusammensetzung der Nahrung ab. Sinnvoll ist die Kombination von eiweißreichen Lebensmitteln und komplexen Kohlenhydraten mit einem hohen Anteil an Ballaststoffen. Das sind weitestgehend unverdauliche Nahrungsbestandteile, die vor allem in Vollkornprodukten, Obst, Gemüse, Salat und Hülsenfrüchten stecken.

Komplexe Kohlenhydrate, die aus vielen Zuckerbausteinen aufgebaut sind, werden langsam abgebaut und gelangen so nach und nach ins Blut. Sie erhöhen den Blutzuckerspiegel nur langsam. Einfache Kohlenhydrate aus Zucker oder Stärke sind zwar schnelle Energielieferanten, da sie schnell in den Blutkreislauf wandern, allerdings sinkt der Blutzuckerspiegel ebenso schnell wieder ab. Die Folge: Müdigkeit und Leistungsabfall.

Eiweiße hingegen sorgen für ein anhaltendes Sättigungsgefühl. Die richtige Mischung macht's also: Vollkornnudeln mit viel Gemüse oder Salat, dazu mageres Fleisch oder Fisch. Vegetarier kombinieren dazu Bohnen, Linsen, Tofu oder Käse.

Deshalb gilt: Regelmäßig essen und zwischen den Mahlzeiten keine zu langen Pausen einlegen. Sonst besteht die Gefahr, dass sich der kleine Hunger zum Heißhunger entwickelt – auf den du mit einer unkontrollierten Nahrungsaufnahme reagierst.

BIN ICH HUNGRIG ODER HABE ICH NUR APPETIT?

Das Gefühl, Hunger zu haben, kennt jeder. Beim bloßen Gedanken an Schokolade oder Chips läuft einem das Wasser im Munde zusammen. Doch es besteht ein entscheidender Unterschied zwischen Hunger und Appetit. Das Verlangen nach bestimmten süßen oder herzhaften Snacks hat mit dem echten Hunger nichts zu tun. Denn Hunger ist ein lebenswichtiges Signal des Körpers, wenn er nach Nährstoffen verlangt. Er gehört zu den Urtrieben der Menschen und unterliegt einem Rhythmus. Meist hat man morgens Hunger und dann wieder vier bis sechs Stunden nach der letzten Mahlzeit. Appetit dagegen ist die angenehme Seite des Essens – die Lust auf bestimmte Speisen, auch wenn wir bereits satt sind.

Wenn du zu Heißhunger neigst, solltest du deine Mahlzeiten regelmäßig über den Tag verteilen und auf reichlich Ballaststoffe achten. Diese sind vor allem in Vollkornprodukten, Hülsenfrüchten, Obst und Gemüse enthalten. Währenddessen solltest du viel trinken, wie beispielsweise mit Zitrone oder Minze aromatisiertes Wasser, grünen Tee oder Mineralwasser, damit die Ballaststoffe quellen können und für eine gute Sättigung sorgen.

Wenn sich der berühmte kleine Hunger trotzdem zwischendurch meldet, kein Problem! Jetzt solltest du einen gesunden Snack zur Hand haben, bevor der Heißhunger überhandnimmt und du in die Kalorienfalle tappst.

Gesunde Powersnacks sind kalorienarm und versorgen dich mit ausreichend Energie. So bist du gewappnet für das Nachmittagstief und kommst fit durch den restlichen Tag. Nimm dir Zeit beim Essen und genieße den Snack, damit das Sättigungsgefühl einsetzen kann. Denn auch gesunde Snacks können irgendwann für ein Zuviel auf der Waage sorgen.

INTELLIGEN-TES SNACKEN

Snackideen für den gesunden Energieschub:

» 1 Apfel oder 1 Birne + 1 Portion Hüttenkäse
» 1 Portion Hummus + Gemüsesticks wie Möhre, Paprika oder Gurke
» 1 Becher Naturjoghurt (1,5 % Fett) + 1 Handvoll Heidelbeeren
» 1 Banane + 2 Stücke Bitterschokolade
» selbst gemachte Fruchtbuttermilch oder -kefir
» 1 Scheibe Vollkornbrot mit 2 TL Mandel- oder Erdnussmus
» 1 Handvoll Mandeln + 3 getrocknete Aprikosen oder Datteln
» 1 Handvoll Studentenfutter
» 1 grüner Smoothie (aus Grünkohl, Spinat oder Feldsalat mit Gurke, Tomate, Apfel oder Birne, der Gemüseanteil sollte stets überwiegen)
» 2 Scheiben Vollkornknäckebrot + 1 gekochtes Ei + Salatblatt

WELLNESS-TURBOS

Jeder kennt den Spruch „Wahre Schönheit kommt von innen". Das bekannte Sprichwort darf wörtlich genommen werden. Wer sich täglich von Fast Food, Süßigkeiten & Co. ernährt, wird früher oder später feststellen, dass er sich müde und schlapp fühlt und das Hautbild fahl und älter erscheint.

Verabschiede dich von schlechtem Essen wie Pizza, Burger & Co. Fast Food wird nicht umsonst „Junkfood" genannt, denn „Junk" bedeutet übersetzt „Müll". Wie ungesund dieser Müll für deinen Körper sein kann, wird oft unterschätzt. Übergewicht und eine Vielzahl der heutigen Zivilisationskrankheiten resultieren aus einem einseitigen Ernährungsverhalten und einem übermäßigen Konsum von nährstoffarmen Fertiggerichten.

Wenn du deinen Körper dagegen mit vitalstoffreicher, frischer Kost versorgst, dann siehst du jünger aus, hast weniger Falten und eine straffere Haut. Die darin enthaltenen Vitalstoffe wie Vitamine, Mineralstoffe und Spurenelemente sowie sekundäre Pflanzenstoffe sind die zündenden Funken für deinen Körperstoffwechsel. Die Kraftpakete aus der Natur – wie frisches Obst und Gemüse, vollwertiges Getreide und hochwertige Öle – , verpackt in köstlichen Gerichten, sorgen für strahlendes Aussehen, glänzende Haare und einen fitten Körper.

Du kannst deinem Körper täglich etwas Gutes tun, indem du gesunde und frische Lebensmittel mit Schönheits-Booster auf deine Einkaufsliste setzt.

HAUT

Die Haut erneuert sich alle 28 Tage vollständig. Sie bildet neue junge Zellen und stößt ältere, verhornte ab. Gleichzeitig muss die Haut schädigende Einflüsse aus der Umwelt wie Sonnenstrahlen, Luftverschmutzung, Nikotin, Alkohol, aber auch zu viel Stress und zu wenig Schlaf abwehren. Dabei entstehen aggressive Sauerstoffverbindungen, sogenannte freie Radikale, die unsere Körperzellen angreifen und schwächen. Entstehen freie Radikale im Übermaß, können sie den Alterungsprozess beschleunigen und zur Entstehung von Krankheiten, wie Herz-Kreislauf-Erkrankungen und Krebs, beitragen. Eine wirksame Waffe gegen vorzeitige Hautalterung sind unter anderem Antioxidantien, die die freien Radikale in Schach halten können.

Folgende Beauty-Assistenten unterstützen dich für ein dauerhaft strahlendes Aussehen:

Die fettreiche **Avocado** besteht zu einem Viertel aus Fett, sie ist aber alles andere als ein Dickmacher. Denn die Powerfrucht liefert wertvolle gesunde Fettsäuren. Vor allem die sogenannten Omega-3-Fettsäuren beeinflussen den Cholesterinspiegel günstig und schützen die Gefäße. Obendrein sorgen sie für eine geschmeidige Haut. Das Enzym Lipase hilft dabei, Fettpolster im Körper abzubauen. Reichlich Vitamin E für den Zellschutz ist ein Wundermittel gegen Hautalterung. Das sogenannte Hautvitamin nährt die Haut, regt die Regeneration von Hautzellen an und beugt Pigmentflecken vor.

Sojabohnen sind nicht nur ein wertvoller pflanzlicher Eiweißlieferant, sie haben auch einen verjüngenden Effekt. Phytoöstrogene, Substanzen mit einer natürlichen Östrogenwirkung, schützen die Zellen vor freien Radikalen. Besonders wirksam sind die Phytoöstrogene in Kombination mit Vitamin C und E. Soja stärkt das Bindegewebe, es kann mehr Flüssigkeit eingelagert werden.

Das Gewebe wird fester und die Haut straffer. Der Anti-Aging-Star ist zudem ein Schlankmacher: Um das Eiweiß zu verwerten, holt sich der Körper Energie aus den Fettdepots. Die große Vielfalt von Sojaprodukten, wie Tofu, Tempeh (fermentierte Sojabohnen), Sojagranulat oder Sojadrink, aber auch Edamame – grüne unreife Sojabohnen – , kannst du vielseitig in deinen täglichen Speiseplan einbauen.

Walnüsse sind wertvolle kleine Kraftpakete, denn sie liefern einen bunten Mineralstoffmix aus Kalzium, Magnesium, Zink und Eisen sowie reichlich zellschützendes Vitamin E. So stärken Walnüsse das Immunsystem, verbessern die Gehirnleistung und wirken sich positiv auf Blutfette aus. Das Besondere gegenüber anderen Nüssen ist das ausgewogene Verhältnis von Omega-6- und Omega-3-Fettsäuren – ein wirksamer Schutz für Haut, Herz und Gefäße. Ferner liefern die Nüsse Pantothensäure, die für eine glatte Haut sorgt.

Trockenfrüchte wie Datteln, Feigen oder Gojibeeren sind reich an Vitamin E und Ballaststoffen. Diese regen den Stoffwechsel

an und bringen die Verdauung auf Trab. Das bringt den Feuchtigkeitshaushalt in Schwung, strafft die Haut und mildert so Fältchen und trockene Stellen.

Leinöl, Hanföl und Rapsöl sind ebenfalls hervorragende Quellen für Vitamin E. Das fettlösliche Vitamin verbessert die Feuchtigkeit der Haut und macht sie zart und geschmeidig. Ferner enthalten die pflanzlichen Öle wertvolle Omega-3-Fettsäuren – diese halten die Gefäße und Haut ebenfalls geschmeidig und sorgen für ein frischeres und glatteres Hautbild.

Beeren sind in zweierlei Hinsicht sensationelle Beauty-Booster: Mit einer guten Portion Vitamin C fördern sie die Kollagenbildung und verbessern so das Hautbild (siehe unten). Darüber hinaus punkten sie mit reichlich Antioxidantien wie Flavonoiden, die effektiv Radikale abfangen und so dazu beitragen, dass die Haut glatt bleibt.

BYE-BYE DEN DELLEN AN PO UND OBERSCHENKELN

Gleich vorweg: Ob du ein straffes oder schwaches Bindegewebe hast, verdankst du in erster Linie deinen Eltern. Wie alle anderen Körperstrukturen ist die Tendenz zur Faltenbildung, zu Cellulite und zu glatter Haut ererbt. Darüber hinaus haben Frauen eine andere Körperzusammensetzung von Körperwasser, -fett und Muskeln als Männer. Das heißt aber noch lange nicht, dass du dich damit abfinden musst. Zwar kannst du dir auch kein straffes Bindegewebe zaubern, aber mit einer gezielten Ernährung und regelmäßiger sportlicher Betätigung kannst du die Bindegewebsstruktur deutlich verbessern.

Das Bindegewebe enthält Eiweißbestandteile (wie z.B. Kollagene) und bestimmte chemische Verbindungen aus Zucker und Eiweiß, sogenannte Proteoglykane. Damit das Bindegewebe fest ist, müssen die Kollagenmoleküle eng miteinander vernetzt sein. Hier unterstützt dich Vitamin C, das zwischen den Kollagenen und Proteoglykanen regelrechte Brücken bauen kann. Spitzenreiter als Vitamin-C-Lieferant ist die Paprika. Weitere gute Quellen für Vitamin C sind Heidelbeeren, Aroniabeeren, Gojibeeren, Sanddornbeeren, Schwarze Johannisbeeren, Feldsalat, Rotkohl, Petersilie, Sprossen und Keime.

HAARE & NÄGEL

Auch unsere Haare und Nägel wachsen ständig. Die neuen Zellen dafür produziert der Körper aus Baustoffen, die du ihm über die Nahrung zuführst. Ist das Haar stumpf und sind die Nägel brüchig, bedeutet das, dass für das gesunde Wachstum nicht ausreichend Baustoffe vorhanden sind. Mit den richtigen Lebensmitteln kannst du die Gesundheit deiner Haare und Nägel auf natürliche Weise positiv beeinflussen:

Hirse ist das 1a-Beauty-Korn für schöne Haut sowie für glänzendes Haar und starke Nägel. Die wertvolle Kieselsäure ist hier maßgeblich beteiligt. Ferner enthält das heimische Getreidekorn einen extrahohen Anteil des Mineralstoffs Eisen, der den Körper und die Zellen mit Sauerstoff versorgt und so für ein gesundes Wachstum der Zellen zuständig ist. Um das Eisen aus pflanzlichen Lebensmitteln nutzen zu können, braucht dein Körper auch Vitamin C. Am besten ergänzt du deine Mahlzeiten mit Vitamin-C-reichem Obst und Gemüse. Eine prima Kombination ist beispielsweise Hirse mit Gemüsepaprika oder Frühstückshirse mit Beeren, wie Heidelbeeren, Gojibeeren oder Granatapfel.

Auch **Haferflocken** sind neben Hirse ein top Schönheitsjoker. Die nahrhaften Flocken sind eine hervorragende Quelle für Biotin, auch Vitamin H genannt. Biotin ist wichtig für den Aufbau von Haaren und Nägeln. Zudem liefern Haferflocken reichlich Eisen, das die Blutbildung unterstützt und so für ein strahlend gesundes Aussehen sorgt.

Lachs ist reich an mehrfach ungesättigten Fettsäuren, die ein hohes Schutzpotenzial vor Entzündungen haben. Obendrein sind die Omega-3-Fettsäuren am Zellaufbau der Haut beteiligt, dadurch bleibt die Haut geschmeidiger und Fältchen werden gemildert. Zudem liefert der Fisch Biotin, das die Zellen stärkt und für gesunde Haare und Nägel sorgt. Reichlich Vitamin D schützt die Haut und ist wichtig für gesunde Zähne und Knochen.

Kürbiskerne und **Leinsamen** liefern viel Zink, das in Sachen Schönheit ein echtes Allroundtalent ist. Das Spurenelement ist wichtig für das Immunsystem und für die Bildung des Bindegewebes. Obendrein ist Zink an der Synthese von Eiweiß und folglich an der Bildung von Hautzellen und Haaren beteiligt. Zink sorgt so für glänzende Haare, unterstützt die Hauterneuerung und stärkt das Immunsystem.

Linsen trumpfen mit ihrer Kombination aus hochwertigem Eiweiß und reichlich Biotin auf. Die kleinen bunten Hülsenfrüchte versorgen Haut, Haare und Nägel mit wertvollen Aminosäuren, die der Körper für die Herstellung von Keratin benötigt. Das Faserprotein Keratin verleiht dem Haar Elastizität und kräftigt die Haarstruktur. Umwelteinflüsse wie Sonneneinstrahlung, Hitze und Salzwasser, aber auch Medikamente oder einseitige Ernährung können die Schutzschicht der Haare beschädigen. Mit hochwertigem Protein kannst du dein Haar wirksam unterstützen. Das Schönheitsvitamin Biotin unterstützt zusätzlich den Eiweißstoffwechsel. Linsen sind zudem eine gute Quelle für weitere Beauty-Vitalstoffe wie Zink, Eisen und Ballaststoffe.

AUGEN

„Möhren sind gut für die Augen" – den Satz kennen die meisten sicherlich aus ihrer frühesten Kindheit. Und das nicht ohne Grund, denn auch deinen Augen kannst du mit gesunder Ernährung auf die Sprünge helfen.

Besonders augenfreundliche Lebensmittel sind Mango, Aprikose, Paprika, Rote Bete, Kürbis, Feldsalat und Rucola. Diese bunten Obst- und Gemüsesorten enthalten Karotinoide, die die Sehkraft stärken. Vor allem grünes Gemüse, wie Grünkohl, Brokkoli und Spinat, sind wahre Booster, denn sie punkten mit einer guten Portion Lutein, einem Abkömmling von Betakarotin, dem eine gewisse Schutzwirkung für die Netzhaut nachgesagt wird.

Betakarotin kann zu einem gewissen Teil im Körper zu Vitamin A umgewandelt werden. Auch das Vitamin übt eine wichtige Funktion für die Augen aus. Denn als Bestandteil des in den Stäbchenzellen der Augennetzhaut vorkommenden Fotopigments Rhodopsin (Sehpurpur) ist es für das Dämmerungssehen unerlässlich. Vitamin A kommt zwar nur in tierischen Lebensmitteln wie Leber oder Eigelb vor, aber auch Vegetarier und Veganer können ihren Bedarf decken, indem sie häufig grünes Blattgemüse sowie buntes Obst und Gemüse auf ihrem Speiseplan stehen haben.

KANN ICH AUCH SUPPLEMENTE SCHLUCKEN?

Nichts wäre einfacher als das Schlucken von bunten Pillen, die dir Schönheit und Vitalität versprechen. Leider geht das nicht so einfach. Denn es kommt auf das Zusammenwirken der verschiedenen Nährstoffe in den Lebensmitteln an. Nur in Kombination entfalten Vitamine, Mineralstoffe und Spurenelemente ihre bestmögliche Wirkung. Deshalb lieber selbst an den Herd stellen, frisch kochen und köstliche Gerichte zaubern.

GESUNDHEITSPOWER AUS DER PFLANZE

Antioxidantien gehören zur Gruppe der sekundären Pflanzenstoffe, das sind natürliche Geschmacks-, Duft- und Farbstoffe sowie Wachstumsregulatoren, die ausschließlich von Pflanzen gebildet werden.

Diese sogenannten bioaktiven Pflanzenstoffe kannst du dir zunutze machen. Denn Antioxidantien sind effektive Radikalfänger, d.h., sie sind eine natürliche Barriere gegen schädigende UV-Strahlung und vermindern so eine frühzeitige Faltenbildung.

Reichlich pflanzliche Lebensmittel wirken sich sichtbar auf dein Aussehen aus.

Die wichtigsten Anti-Aging-Stars:

Karotinoide sind pflanzliche Farbstoffe, die hauptsächlich in gelben und roten Früchten und Gemüsesorten, aber auch in grünem Gemüse vorkommen. Bekannte Vertreter sind **Betakarotin** in Möhren und Spinat, **Lykopin** in Tomaten, **Lutein** in Grünkohl, Brokkoli, Spinat und **Zeaxanthin** in gelbem und orangefarbenem Obst und Gemüse.

Polyphenole sind Farb- und Geschmacksstoffe der Pflanzen, u. a. auch in grünen Teeblättern, die vor allem in den äußeren Randschichten von Obst und Gemüse liegen. Die volle positive antioxidative Wirkung entfalten sie im Körper, wenn du die unbehandelte Schale mitisst. Zu den Polyphenolen zählen die **Phenolsäuren**, wie die Ellagsäure in Erdbeeren, und **Flavonoide**, wie Anthozyane, die die rote, blaue oder violette Färbung von Obst und Gemüse bewirken.

Phytoöstrogene sind natürliche Pflanzenhormone, wie z. B. Isoflavonoide, die in der Sojabohne zu finden sind. Sie wirken nicht nur verjüngend, sondern auch schützend auf den Knochenstoffwechsel.

DIE SCHÖNHEITSVITAMINE

VITAMIN	FUNKTION	VORKOMMEN
Vitamin A	Das fettlösliche Vitamin, auch Retinol genannt, sorgt dafür, dass wir gut sehen und gut aussehen. Auch die Vorstufe, das Betakarotin, fördert die Sehkraft und unterstützt die Hautfestigkeit. Vitamin A unterstützt die Bildung von elastischen Fasern, hilft gegen Verhornung und Abschuppung. Zudem hält es die Haut und Schleimhäute gesund und fördert eine glatte, geschmeidige Haut.	Vor allem in tierischen Lebensmitteln wie Fisch, Eigelb, Butter, Käse. Als Betakarotin in Möhren, Süßkartoffeln, Kürbis, Melone, Mango oder grünem Gemüse wie Grünkohl und Brokkoli. Vitamin A ist fettlöslich und sollte daher stets in Verbindung mit gesundem Pflanzenöl verzehrt werden.
Vitamin C	Das wasserlösliche Vitamin fördert die Kollagenbildung und verbessert den Feuchtigkeitsgehalt der Haut, so sorgt es für festes Bindegewebe und frisches Aussehen. Ferner stärkt es das Immunsystem, schützt die Gefäße und wirkt als effektiver Radikalfänger.	Gemüse wie Brokkoli, Fenchel, Paprika, Grünkohl; Obst wie Hagebutten, Sanddornbeeren, Gojibeeren, Schwarze Johannisbeeren, Heidelbeeren
Vitamin D	Das fettlösliche Vitamin sorgt für gesunde Zähne und starke Knochen, da es die Kalziumaufnahme fördert. Zudem ist es ein wichtiger Schutzfaktor gegen Krebserkrankungen. Ein regelmäßiger Aufenthalt im Freien unterstützt die Vitamin-D-Synthese.	Hering, Lachs, Sardinen, Thunfisch; Pilze wie Champignons, Pfifferlinge, Steinpilze
Vitamin E	Das fettlösliche Vitamin gilt als das Hautvitamin. Es dient der Zellerneuerung, wirkt als Radikalfänger, stoppt Alterungsprozesse, beugt Pigmentflecken vor und hemmt Entzündungen. Die Haut wird zart und geschmeidig und der Feuchtigkeitsgehalt wird verbessert.	Avocado; Nüsse und Samen wie Leinsamen, Hanfsamen, Mandeln, Walnüsse; pflanzliche Öle wie Hanföl, Rapsöl, Walnussöl, Olivenöl, Leinöl; Vollkorngetreide und Hülsenfrüchte
Vitamin H (Biotin)	Vitamin H ist wichtig für die Gesundheit von Haut und Haaren. Es trägt zum gesunden Wachstum der Zellen von Haut, Haaren und Nägeln bei und verbessert den Feuchtigkeitsgehalt der Haut.	Vollkorngetreide wie Hafer, Reis; Hülsenfrüchte wie Linsen, Sojabohnen; Nüsse; Eier

DIE SCHÖNHEITSMINERALSTOFFE UND SPURENELEMENTE

MINERALSTOFF ODER SPUREN-ELEMENT	FUNKTION	VORKOMMEN
Eisen	Der Mineralstoff ist ein wichtiger Baustein des roten Blutfarbstoffs Hämoglobin, der am Sauerstofftransport im Blut beteiligt ist. Eisen versorgt den Körper und die Zellen mit Sauerstoff und sorgt so für ein gesundes Wachstum der Zellen und einen frischen Teint. Wird der Körper nicht ausreichend versorgt, fühlen wir uns müde und schlapp.	grünes Blattgemüse; Getreide; Hülsenfrüchte; Fleisch; Nüsse. Um die Eisenverwertung zu verbessern, ergänze deine Mahlzeiten mit vitamin-C-reichem Obst und Gemüse.
Zink	Zink ist an der Synthese von Eiweiß beteiligt und folglich an der Bildung von Hautzellen und Haarzellen. Ein Mangel macht sich auch durch ein geschwächtes Immunsystem mit häufigen Infekten bemerkbar.	tierische Produkte wie Fleisch, Eier, Käse und Milchprodukte; Vollkorngetreide wie Hafer. Sesam; Linsen
Silizium	Das Spurenelement ist für den Aufbau des Bindegewebes notwendig und sorgt für feste Nägel, pralle Haut, gesunde Gefäße und starke Knochen. Silizium ist eine Komponente des Faserproteins Keratin, einer Grundsubstanz von Haaren und Nägeln, die dafür sorgt, dass die Haut Feuchtigkeit besser bindet.	Vollkornprodukte wie Hafer, Hirse; Gemüse wie Möhren, Knollensellerie
Kupfer	Das Spurenelement verbessert die Haarstruktur. Zudem ist es am Aufbau von Haut, Augen und Haaren beteiligt und mobilisiert die Aufnahme von Eisen.	Nüsse; Getreide; Hülsenfrüchte

SIND KOHLEN-HYDRATE DICKMACHER?

Die wichtigsten Energiespender für deinen Körper sind Kohlenhydrate – sie bestehen aus Zuckermolekülen. Das gibt ihnen oftmals den Ruf, sie seien die reinsten Dickmacher und sollten größtenteils vom Speiseplan gestrichen werden. Ganz im Gegenteil Kohlenhydrate können dich beim Figurhalten unterstützen, denn es kommt auf die Qualität der Kohlenhydrate an.

Kohlenhydrate liefern vier Kilokalorien pro Gramm und sollten den Großteil der Nahrung ausmachen, d. h.: mehr als 50 Prozent der täglichen Energiezufuhr. Je nach Anzahl der kombinierten Zuckerbausteine werden Kohlenhydrate in Einfach-, Zweifach- oder Mehrfachzucker unterschieden:

Einfachzucker bestehen aus Trauben- und Fruchtzucker. Zu den **Zweifachzuckern** gehören Milch- und Malzzucker, Rohr- und Rübenzucker, Kristall- oder Haushaltszucker. Du findest sie hauptsächlich in Weißmehlprodukten wie Weißbrot, Kuchen, Gebäck und Süßigkeiten, aber auch in gezuckerten Getränken. Einfach- und Zweifachzucker lassen den Blutzucker schnell in die Höhe schießen, was zu einer erhöhten Insulinausschüttung führt und Heißhunger, Müdigkeit und Konzentrationsmangel zur Folge hat. Langfristig führt ein Zuviel an diesen sogenannten „schlechten" Kohlenhydraten zu Übergewicht.

Mehrfachzucker stecken vor allem in Vollkornprodukten, Obst, Gemüse, Salat und Hülsenfrüchten; sie werden auch komplexe Kohlenhydrate genannt. Sie sind die ideale Quelle für eine konstante Energiebereitstellung. Die langen Ketten werden langsam in Einfachzucker abgebaut und gelangen nach und nach ins Blut. Dies sorgt für einen konstanten Blutzuckerspiegel und eine lang anhaltende Sättigung.

Zudem senken diese ballaststoffreichen Lebensmittel die Aufnahme von Fett und Zucker aus dem Darm. Das schmeichelt der Figur, obendrein reduziert es hohe Cholesterinwerte und beugt der Entstehung von Herz-Kreislauf-Erkrankungen vor. Insbesondere lösliche Ballaststoffe, vor allem in Hülsenfrüchten, Hafer und Kohlgemüse, sind sehr wertvoll, denn sie verlangsamen zusätzlich die Aufnahme von Kohlenhydraten ins Blut und sorgen für eine lang anhaltende Sättigung. So haben nervige Heißhungerattacken keine Chance mehr!

DIE ROLLE DES HORMONS INSULIN

Der Darm kann besonders Einfach- und Zweifachzucker, die häufig in Süßigkeiten, Fertiggerichten, Weißmehlprodukten und weißem Zucker stecken, sehr schnell in Glukose umwandeln. Dieser Zucker wandert umgehend ins Blut und treibt den Blutzuckerspiegel rasch in die Höhe. Der Gegenspieler der Glukose ist das Hormon Insulin. Es dient als eine Art Türöffner an bestimmten Andockstellen (Rezeptoren) der Körperzellen. Der Botenstoff öffnet also die Zellen und löst dabei verschiedene Signalketten aus: Insbesondere Glukose gelangt jetzt durch die offene Tür in die Zelle. Dort wird sie in die Zellkraftwerke, die sogenannten Mitochondrien, gebracht und zur Energiegewinnung verbrannt oder als Baustein verwertet. Gleichzeitig werden die Spaltung und Verwertung von Fett gebremst.

Stehen zu häufig ungesunde Lebensmittel mit Einfach- oder Zweifachzuckern, womöglich noch in Kombination mit Fett, wie z.B. ein Weißbrot mit Butter, auf dem Speiseplan und du bewegst dich zu wenig, so wird der Überschuss an Fett in den Fettzellen gespeichert. Diese Zellen haben die unangenehme Eigenschaft eines schier unermesslichen Fassungsvermögens und begünstigen damit die langsame, aber sichere Entstehung von Speckpölsterchen.

Nicht nur, dass es nun neues Futter für die Fettzellen gibt – durch die schnelle Aufnahme von Glukose aus Einfach- oder Zweifachzuckern und den hohen Insulinausschuss aus der Bauchspeicheldrüse fällt der Blutzuckerspiegel ebenso rasch wieder ab. Ein niedriger Blutzucker aber erzeugt Hunger – Heißhunger! Und das, obwohl dein Körper eigentlich genügend Nährstoffe aufgenommen hat. Gibst du diesem Hunger nach, fütterst du deine Fettzellen weiter.

Idealerweise sollte immer nur so viel Zucker im Blut vorhanden sein, wie die Zellen wirklich brauchen. Der in die Zellen gelangte Zucker dient diesen als Futter und wird beim Sport sowie bei körperlicher und geistiger Arbeit verbrannt.

Im Gegensatz zu diesen „schlechten" Kohlenhydraten werden die Mehrfachzucker aus Vollkornprodukten relativ langsam aus dem Darm aufgenommen. So steigt der Blutzucker deutlich langsamer an und die Freisetzung von Insulin aus der Bauchspeicheldrüse erfolgt ebenfalls in Maßen. Die Folge: Du bleibst länger

VOLLKORN = VOLLES KORN?

Lass dich beim Vollkornbrot oder -brötchen nicht von der dunklen Farbe und den Körnern obendrauf täuschen. Die Farbe kann auch von färbendem Malz oder Karamellsirup stammen. Nur wo „Vollkorn" draufsteht, ist auch das volle Korn mit reichlich Ballaststoffen enthalten. Der Begriff ist gesetzlich geschützt: Mindestens 90 Prozent Roggen- oder Weizenvollkornmehl muss ein Vollkornbrot enthalten.

KANN ICH MIT LOW CARB ABNEHMEN?

Wer auf Kohlenhydrate verzichtet und stattdessen mehr Eiweiß isst, sorgt für mehr Fett und weniger Ballaststoffe. Schnell können da ein paar Kilos mehr auf den Hüften landen. Komplett alle Kohlenhydrate vom Speiseplan zu streichen hat deshalb keinen Sinn. Gerade die guten Kohlenhydrate aus Vollkornprodukten, Hülsenfrüchten und Gemüse liefern in der Regel auch lebenswichtige Vitamine und Mineralstoffe und enthalten verdauungsfördernde Ballaststoffe, die lange satt machen.

satt und die Körperzellen erhalten sich ihre Insulinempfindlichkeit, da nicht so schnell Zucker nachgeliefert wird.

Zugleich bringen komplexe Kohlenhydrate auch wertvolle Ballaststoffe. Diese Nahrungsbestandteile werden nicht verdaut, quellen aber im Darm auf. Das bringt den Darm auf Trab und regt die Verdauung an.

GLYKÄMISCHER INDEX

Der glykämische Index (GI) gibt die Wirkung von Lebensmitteln auf den Blutzuckerverlauf an. Brot und Getreideprodukte, die aus dem vollen Korn hergestellt wurden, sowie Hülsenfrüchte und Gemüse haben einen niedrigen glykämischen Index. Weißmehlprodukte und Süßigkeiten dagegen besitzen einen hohen glykämischen Index.

Zur Vorbeugung von Übergewicht solltest du reichlich Kohlenhydrate mit niedrigem GI essen. Da die Kohlenhydrate nur langsam ins Blut gelangen, werden so hohe Blutzuckerspiegel vermieden. Auch der Insulinstoffwechsel wird weniger belastet.

Fett ist ein Geschmacksträger und unverzichtbar in der Küche. Außerdem erfüllen Nahrungsfette wichtige Funktionen im Stoffwechsel, wie beispielsweise bei der Immunabwehr oder beim Zellaufbau, und sorgen für geschmeidige Haut und Gefäße.

Mit neun Kilokalorien pro Gramm hat es den höchsten Energiegehalt unter den Nährstoffen. Insgesamt sollen die Fette nur etwa 25 bis 30 Prozent der Gesamtenergie ausmachen. Dabei ist Fett keineswegs gleich Fett und macht – sofern es nicht im Übermaß verzehrt wird – auch nicht zwangsläufig dick. Entscheidend ist allerdings die Art des Fettes:

Gesättigte Fettsäuren kann der Körper bei Bedarf selbst herstellen, sie müssen nicht extra zugeführt werden. Im Übermaß wirken sie schädlich auf den Blutfettspiegel. Gerade wenn du abnehmen möchtest, solltest du die „schlechten" Fette von deinem Speiseplan streichen. Denn je weniger gesättigte Fettsäuren du verzehrst, umso mehr produziert dein Körper selbst und verbraucht dabei mehr Energie. Gesättigte Fettsäuren findest du vor allem in tierischen Lebensmitteln wie Butter, Sahne, Wurst, Fleisch und Käse, aber auch „versteckt" in Kuchen, Chips oder Fertiggerichten.

Besonders wertvoll sind die **einfach ungesättigten Fettsäuren**, die vor allem in pflanzlichen Ölen, wie Olivenöl, Rapsöl, und in Avocados sowie Nüssen und Samen stecken. Der Körper kann sie zwar aus anderen Fetten herstellen, dennoch sollten diese Fettsäuren täglich auf deinem Speiseplan stehen. Einfach ungesättigte Fettsäuren sind für die Funktion und die Elastizität der Zellmembranen wichtig.

Die **mehrfach ungesättigten Fettsäuren** kann der Körper selbst nicht produzieren, sie sind lebensnotwendig und müssen täglich über die Nahrung zugeführt werden. Man unterscheidet in Omega-3- und Omega-6-Fettsäuren. Besonders wertvoll sind die Omega-3-Fettsäuren, sie tragen u. a. dazu bei, dass die Hüllen der Nervenzellen geschmeidig bleiben. Außerdem sind sie am Zellaufbau der Haut beteiligt, die dadurch länger glatt und faltenfrei bleibt. Obendrein sind sie wichtig für die Entwicklung des Gehirns und tragen zu einer verbesserten Stimmungslage bei. Gute Quellen für Omega-3-Fettsäuren sind vor allem fetter Kaltwasserfisch, wie Wildlachs, Makrele und Hering, sowie mit Grünfutter aufgezogene Rinder. In Pflanzen findet sich die Vor-

GESUNDE FETTE – SCHÖNHEITS-PFLEGE FÜR DIE HAUT

stufe der Omega-3-Fettsäuren, die sogenannte Linolensäure. Sie steckt reichlich in Hanföl, Leinöl oder Rapsöl.

ABNEHMEN MIT LOW FAT?

Allein die Tatsache, dass im Rahmen von „Low-Fat-Diäten" und mühsamem Fettpunktezählen jahrelang akribisch auf eine fett-arme Ernährung geachtet wurde und die Zahl der Übergewichtigen trotzdem anstieg, zeigt, dass du damit nicht automatisch schlank wirst.

Low Fat zum Abnehmen ist nur dann eine wirkungsvolle Strategie, wenn du das eingesparte Fett gleichzeitig durch komplexe Kohlenhydrate ausgleichst. Gemüse, Hülsenfrüchte und Vollkornprodukte sorgen mit den enthaltenen Ballaststoffen dafür, dass du lange satt bist. So bleiben Heißhungerattacken aus und du kommst nicht in die Versuchung, diese mit Süßigkeiten zu tilgen.

Folgende Tipps helfen dir, um sinnvoll Fett einzusparen und gleichzeitig genussvoll zu essen. Verwende dazu:

» beschichtete Pfannen zum Braten.
» fettarme Milchprodukte und Joghurt (1,5 % Fett).
» saure Sahne (10 % Fett) statt Crème fraîche (30 % Fett).
» fettarme Wurst, wie Putenbrust, Schinken oder Braten, statt Salami.
» pflanzliche Öle (Rapsöl, Olivenöl) anstelle von tierischen Fetten (Butter, Butterschmalz).
» eine konsequent abgemessene Ölmenge – je Portion 1 bis 2 Esslöffel.
» statt Mayonnaise- und Sahnedressings besser mageren Joghurt oder Soja-/Hafersahne mit Essig und Öl.
» Achte besonders auf versteckte Fette in vermeintlich „gesunden" Snacks, wie Müsliriegeln, Energiekugeln, Gemüsechips, Nussbutter.
» Auch klassische Süßigkeiten und Knabberartikel enthalten die versteckten „schlechten" Fette.

VIELFALT DER PFLANZEN-ÖLE NUTZEN

Pflanzliche Öle haben unterschiedliche Fettsäuremuster, d. h., die Zusammensetzung der Fettsäuren variiert. Sorge daher für Abwechslung in der Küche: Raps- und Olivenöl eignen sich prima zum Braten, Lein- und Hanföl sind perfekt für Salate und kalte Speisen.

Eiweiß oder Protein ist in tierischen Lebensmitteln wie Milch, Milchprodukten, Fleisch und Fisch sowie in pflanzlichen wie Getreide, Hülsenfrüchten, Nüssen und Samen enthalten. Die Aufgaben von Eiweiß im Körper sind vielfältig: Als Strukturprotein bestimmt es den Bauplan der menschlichen Zelle und somit den gesamten Körperaufbau. Zudem sind Eiweiße auch die Grundbausteine der Muskelfasern sowie von Haaren, Haut und Nägeln. Darüber hinaus unterstützen Proteine den Transport von Nährstoffen und helfen bei der Bildung von Enzymen und Hormonen. Sie unterstützen die Zellerneuerung und sind maßgeblich für einen funktionierenden Stoffwechsel verantwortlich, somit leisten sie einen wichtigen Beitrag für deine Gesundheit und Schönheit. Ferner liefern Eiweiße auch mit vier Kalorien pro Gramm Energie und sind so gute Sattmacher.

WIE VIEL EIWEISS DARF ES SEIN?

Wie viel Eiweiß täglich aufgenommen werden soll, wird nach wie vor wissenschaftlich diskutiert. Generell lässt sich sagen, dass die empfohlene tägliche Aufnahme von Eiweiß abhängig von Körpergewicht und Geschlecht ist. Die Deutsche Gesellschaft für Ernährung (DGE) empfiehlt eine tägliche Aufnahme von 0,8 g Eiweiß pro Kilogramm Körpergewicht. Das entspricht ca. 58 g für Männer und ca. 48 g für Frauen. Umgerechnet auf die Energiezufuhr, entspricht dies – unabhängig von Alter und Geschlecht – neun bis elf Prozent des täglichen Energiebedarfs.

AMINOSÄUREN – DIE BEAUTY-BAUSTEINE

Lebenswichtig für deinen Körper ist nicht das Eiweiß selbst, sondern die Bausteine, die sogenannten Aminosäuren. Proteine bestehen aus Aminosäuren, die beliebig kombiniert werden können. Dadurch hat jede Eiweißart ihre spezifische und charakteristische Eigenschaft.

Es gibt 20 Aminosäuren, die nach ihrer Entbehrlichkeit eingeteilt werden: entbehrliche Aminosäuren, die vom Körper selbst gebildet werden können, und unentbehrliche, die nicht selbst hergestellt werden können. Sie müssen dem Körper über die Nahrung zugeführt werden.

Aminosäuren sind die Bausteine des Lebens und daher für dich unverzichtbar. Denn für den Aufbau eigener Proteine ist der

EIWEISS – BAUSTEINE FÜR DIE SCHÖNHEIT

Körper überwiegend auf Eiweiß aus der Nahrung angewiesen. Die Aminosäure Cystein ist beispielsweise ein wichtiger Bestandteil von Keratin, dem Grundbaustoff von Haaren, Haut und Nägeln. Denn das Faserprotein Keratin verleiht dem Haar Elastizität und kräftigt die Haarstruktur.

Ein Mangel an wertvollen Aminosäuren kann sich durch brüchige Nägel, stumpfe Haare und eine langsamere Wundheilung bemerkbar machen. Nur durch eine sinnvolle Kombination verschiedener Lebensmittel kannst du deinen Körper mit allen Aminosäuren versorgen, die er braucht.

DIE BIOLOGISCHE WERTIGKEIT

Einige Aminosäuren können besser, andere weniger gut als Bausteine für Eiweiße verwendet werden. Dabei gibt die biologische Wertigkeit eines Lebensmittels die Qualität des Nahrungseiweißes an, d. h., wie viel Körpereiweiß aus 100 g Nahrungseiweiß gebildet werden kann. Je nachdem, wie ähnlich das Nahrungseiweiß dem körpereigenen Eiweiß ist, liegt die biologische Wertigkeit dabei zwischen 0 und 100. Je höher die biologische Wertigkeit ist, umso wertvoller ist ein Eiweiß. Jede Eiweißquelle hat ihre eigene charakteristische Zusammensetzung aus unterschiedlichen Aminosäuren. Durch eine geschickte Kombination von Lebensmitteln können sich die fehlenden Aminosäuren ergänzen und somit die biologische Wertigkeit erhöhen.

Die beste Versorgung mit Aminosäuren gelingt mit einer Kombination aus tierischem und pflanzlichem Eiweiß wie beispielsweise Roggenbrot mit Emmentaler oder Putenbrust oder Fleisch mit Bohnen (Chili con Carne).

Aber auch die Kombination von rein pflanzlichen Eiweißen versorgt dich mit hochwertigen Aminosäuren. Wertvolle Kombinationen sind dabei: Getreide und Hülsenfrüchte wie z. B. Mais mit Bohnen; Brot mit Bohnen oder Linsen; Reis mit Linsen oder Haferflocken mit Milch oder Joghurt.

PFLANZLICHE TOPEIWEISS LIEFERANTEN

Immer mehr Menschen wollen weniger Fleisch essen oder gar darauf verzichten. Wenn du tierische Eiweißquellen auf deinem Speiseplan reduzieren oder streichen möchtest, kannst du deinen

Körper auch mit hochwertigen pflanzlichen, sogenannten grünen Eiweißquellen versorgen.

Pflanzliches Eiweiß findest du hauptsächlich in Hülsenfrüchten wie Linsen, Bohnen und Erbsen. Sie haben meist sogar einen höheren Eiweißanteil als viele Fleischsorten. Zur Steigerung der biologischen Wertigkeit solltest du Hülsenfrüchte allerdings mit Getreide ergänzen.

Auch Getreide und Getreideprodukte wie Weizen, Dinkel, Hafer, Roggen, Hirse, Mais und Reis liefern hochwertiges Eiweiß. Zudem punkten sie mit Vitaminen, Mineralstoffen und verdauungsfördernden Ballaststoffen.

Quinoa, Amarant und Buchweizen, die wie Getreide verwendet werden, aber zum Pseudogetreide zählen, sind ebenfalls prima Eiweißlieferanten. Zusätzlich steuern die Körner gesunde Fette und Vitalstoffe bei. Nicht zuletzt versorgen auch Nüsse und Samen mit hochwertigem Eiweiß. Da sie zugleich eine gute Portion gesundes Fett enthalten, solltest du sie bewusst als Snack knabbern.

WASSER – QUELLE DER SCHÖNHEIT?

Nicht neu – ausreichend Wasser zu trinken scheint die Zauberformel für pralle und schöne Haut zu sein, denn auch die Stars schwören darauf.

Die Versorgung mit Flüssigkeit ist für den Körper lebensnotwendig. Der Mensch kann zwar 30 Tage und länger ohne Nahrung auskommen, aber ohne Wasser kaum drei Tage. Dein Körper besteht zu 60 bis 70 Prozent aus Wasser. Auch deine Haut besteht zum größten Teil aus Wasser und hat immer großen Durst. Über den ganzen Tag verteilt, verliert dein Körper über die Haut und Ausscheidungen Wasser. Und dieser Wasserverlust muss stetig ausgeglichen werden.

Ebenso wie Hunger entsteht Durst im Zwischenhirn. Warnsysteme des Körpers melden einen Wassermangel sofort. Einen Mangel zeigt der Körper mit Übelkeit, Kopfschmerzen und Leistungsschwäche und die Haut wird trocken und fahl. Flüssigkeit ist ein wesentlicher Faktor für eine schöne und gesunde Haut sowie einen leistungsfähigen Körper. Im Wasser sind viele lebenswichtige Mineralstoffe gelöst, die notwendige Stoffwechselprozesse in Gang halten und so den Körper mit Energie versorgen. Eine durchfeuchtete Haut wird straffer und kleine Fältchen sind weniger sichtbar.

WASSERTRINKEN FÜR DIE HAUT

Die besten Durstlöscher bleiben Leitungswasser und Mineralwasser, ungesüßte Tees oder verdünnte Fruchtschorlen, da sie kalorienarm sind und mit keinem bzw. wenig Zucker auskommen.

Täglich solltest du mindestens 1,5 Liter trinken. Die Menge kann bei Sport, Hitze oder Krankheit auch deutlich höher liegen. Vermeide zuckerhaltige Getränke. Wenn du dennoch ab und zu nicht auf den Genuss von Erfrischungsgetränken verzichten möchtest, solltest du die Zutatenliste genau studieren und Getränke mit wenig Zucker und wenigen Aromen bevorzugen. Am besten die fertigen Limonaden nochmals mit Leitungs- oder Mineralwasser verdünnen. Kaffee und schwarzen Tee kannst du auch zur Flüssigkeitsbilanz dazurechnen; aufgrund ihrer anregenden Wirkung sollten empfindliche Menschen nicht zu viel davon trinken.

Die restliche Menge der täglichen Wasserzufuhr von etwa 2,5 Litern liefert übrigens feste Nahrung.

ALKOHOL HEMMT DIE FETTVERBRENNUNG

Alkoholische Getränke solltest du nur gelegentlich und in kleinen Mengen trinken, da sie den Wasserverlust beschleunigen und sich damit negativ auf die Flüssigkeitsbilanz auswirken. Außerdem liefert Alkohol mit sieben Kalorien pro Gramm viele Kalorien. Alkohol beeinträchtigt zudem den Fettstoffwechsel, da der Körper zuerst Alkohol abbaut. Fett wird währenddessen im Fettgewebe abgelegt. Da Alkohol den Insulinspiegel erhöht, wird der Fettabbau zusätzlich gehemmt.

STRATEGIEN ZUM WASSERTRINKEN

Wir hören es immer und immer wieder und trotzdem vergessen wir es im Alltag öfter, genug zu trinken. Wirksame Strategien helfen dir, künftig die tägliche Menge spielend zu erreichen.

Führe Rituale fürs Trinken ein und stelle die Getränke in Sichtweite. Fülle leere Gläser immer wieder auf. Gewöhne dir an, auch ohne Durst und vor jeder Mahlzeit ein Glas Wasser zu trinken. Am besten beginnst du morgens nach dem Aufstehen mit einem Glas Wasser mit einem Spritzer Zitronensaft, das bringt zugleich den Stoffwechsel in Schwung.

Wenn dir Wasser zu fad und langweilig schmeckt, dann aromatisiere es mit frischen Kräutern wie Minze oder Basilikum, Biozitronen-, -gurken- oder -ingwerscheiben. Beeren oder Melone sorgen für einen fruchtigen Geschmack.

Wenn du unsicher bist, ob du die nötige Menge auch erreicht hast, dann erstelle ein Trinkprotokoll und trage die Getränke und die Menge ein.

Und mit einer schicken und handlichen Trinkflasche bist du auch unterwegs immer bestens mit Wasser versorgt.

SMOOTHIES & CO. ALS DICKMACHER?

Auch Powergetränke aus Gemüse und Obst sind eine leckere Ergänzung. Gemüse enthält kaum Kalorien, hat einen hohen Wasseranteil und liefert zugleich wichtige Vitalstoffe. Wenn du die empfohlenen fünf Portionen Obst und Gemüse pro Tag nicht schaffst, kannst du dir auch über die pürierte Form die positiven Inhaltsstoffe zunutze machen.

Grundsätzlich sind grüne Smoothies reich an Vitaminen, Mineralstoffen, sekundären Pflanzenstoffen und Ballaststoffen. Sie sorgen zwar nicht für das gleiche Sättigungsgefühl wie ein Apfel oder Salat. Aber wenn du den Smoothie bewusst in kleinen Schlucken genießt, kannst du davon profitieren. Auch die Kühltheken in den Supermärkten stehen voll mit Smoothies & Co. – da ist es nur zu verführerisch, einfach zuzugreifen.

Smoothies aus dem Supermarkt, aber auch selbst gemixte, können allerdings zur Zuckerfalle und letztlich zum Dickmacher werden. Denn in dem oft in großer Menge enthaltenen Obst wie

Banane, Mango oder Ananas ist teilweise sehr viel Zucker zu finden. Dieser wird in hohem Maße in Fett umgewandelt und ist dann auf den Hüften wiederzufinden.

So wird dein Smoothie zum Beauty-Booster: Am besten selbst mixen, dann weißt du, was drin ist. Trinke maximal einen Smoothie am Tag. Überwiegend Gemüse verwenden und nur einen kleinen Teil Obst wie Birne, Beeren, Melone oder Orangen. Den fertigen Smoothie nochmals mit Wasser verdünnen!

Auf der linken Seite siehst du einen Vanille-Matcha-Smoothie. Er ist perfekt als Frühstücksdrink oder Zwischenmahlzeit geeignet und überzeugt durch viele Vitamine und Antioxidantien.

Gesunde Trendgetränke wie Matcha-Latte oder Goldene Milch können zur Kalorienfalle werden. Grünteepulver und Kurkuma an sich sind kalorienarm. Zum Dickmacher werden die Getränke, wenn du sie mit vollfetter Milch zubereitest und mit einer guten Portion Agavendicksaft, Honig oder Zucker süßt. Wer als Alternative Pflanzendrinks verwendet, sollte genau aufs Etikett schauen, denn hier kann sich ebenfalls zusätzlicher Zucker verstecken.

Gleiches gilt übrigens auch für Cappuccino, Milchkaffee oder Latte macchiato.

SUPERFOOD CHLOROPHYLL

Der grüne Pflanzenfarbstoff ermöglicht die Fotosynthese in Pflanzen und ist somit die Basis für Wachstum. Das Blattgrün unterstützt die Bildung des roten Blutfarbstoffs Hämoglobin und hat eine zellschützende Wirkung. Die Zellen werden optimal mit Sauerstoff versorgt, das sorgt für eine glatte Haut und einen frischen Teint. Hervorragende Quellen sind Brennnessel, Petersilie, Grünkohl, Löwenzahn, Spinat, Brokkoli und Weizengras. Nutze die grünen Schätze täglich für deinen Smoothie!

Hallo Binikifigur – mit den ausgewogenen und gesunden Rezepten förderst du nicht nur dein Wohlbefinden, sondern kurbelst auch deinen Stoffwechsel an. Nährstoffreiche Superfoods ergänzen und begünstigen den Erfolg. Denn diese Lebensmittel punkten mit einem außergewöhnlich hohen Anteil an Antioxidantien, Vitaminen, Mineralstoffen und gesunden Fetten. Damit stärkst du das Immunsystem, hältst den Stoffwechsel auf Trab und schenkst deinem Körper ein frischeres Aussehen.

Bekannte Superfoods sind vor allem exotische Beeren, Blätter, Körner und Samen. Dabei müssen es nicht nur Lebensmittel sein, die aus der Ferne kommen. Auch heimische Superfoods haben ein hohes Potenzial und stehen den Exoten in nichts nach. Wähle Superfoods idealerweise in Bioqualität und achte auf die Herkunft, denn konventionell angebaute Lebensmittel können mit Rückständen belastet sein.

Wie bei gesunder Ernährung allgemein gilt auch bei Superfoods: Bringe Abwechslung auf den Teller, denn nur so bekommst du alle Nährstoffe, die du benötigst.

Nachfolgende Zusammenstellung gibt dir eine Übersicht zu den Kräften bekannter Superfoods:

Gojibeeren: Die Früchte trumpfen mit ihrem hohen Gehalt an Radikalfängern auf, die unsere Zellen vor schädlichen Einflüssen schützen, und sind damit eine wirksame Anti-Aging-Geheimwaffe. Der Vitalstoffmix aus Vitamin C und E sowie Zink sorgt zudem für starke Abwehrkräfte. Ferner ist die Gojibeere ein Adaptogen, das bedeutet, sie unterstützt den Körper, sich an körperliche und psychische Belastungen leichter anzupassen. Sportler profitieren von den bioaktiven Inhaltsstoffen, da sich Muskeln schneller regenerieren, zudem erhöhen sie die Ausdauer. Gojibeeren sind ferner reich an dem schützenden sogenannten Augen-Vitamin A. Die aus China stammende Beere schmeckt leicht süßlich und ist bei uns in der Regel nur getrocknet erhältlich. Sie lässt sich wie Rosinen in Müsli, z. B. mit Buchweizen, Blaubeeren und Chiasamen, Smoothies, Gebäck, aber auch in pikanten Gerichten verwenden.

Auch die heimischen **Sanddornbeeren** oder **Hagebutten** haben Powerkräfte. Die Wildfrüchte sind wahre Vitamin-C-Bomben, die das Immunsystem in Höchstform bringen und für straffe Haut sorgen. Hagebutten können nicht roh gegessen werden und Sanddorn ist pur sehr sauer, daher werden beide Früchte oft als Muttersaft, Fruchtmark etc. angeboten. Damit lassen sich Smoothies, Joghurt, Müsli & Co. wunderbar aufwerten.

Aroniabeere: In den dunklen, sogenannten Apfelbeeren sind sekundäre Pflanzenstoffe wie Polyphenole und Flavonoide besonders stark konzentriert. Vor allem die farbgebenden Anthocyane haben eine besonders schützende Wirkung, denn sie fungieren als Zellschützer und können freie Radikale sehr effektiv abfangen. Aroniabeeren enthalten zudem reichlich Vitamin C für straffende Konturen. Die frischen Beeren schmecken recht bitter, daher werden sie hauptsächlich zu Saft, Konfitüre, Gelee oder Trockenfrüchten verarbeitet.

Açaibeere: Die dunklen Powerbeeren aus Südamerika sind die Stars unter den Früchten. Keine andere Frucht enthält mehr Antioxidantien. Kein Wunder also, dass die Açaibeere als Beauty-Booster gilt: Die sekundären Pflanzenstoffe fangen zellschädigende freie Radikale, beschleunigen den Stoffwechsel und schützen die Haut, indem sie den Alterungsprozess verlangsamen. Ferner enthält die Beere gesunde Fettsäuren, die Herz und Haut schützen. Da die brasilianischen Beeren schnell verderben, werden sie bei uns als Pulver, Saft oder gefrorenes Püree angeboten. Der Geschmack erinnert an Schokolade und verfeinert Müslis, Smoothies, Joghurt oder Desserts.

Matcha: Matcha wird aus den hochwertigsten Teeblättern der ersten Ernte hergestellt und zu feinem Pulver vermahlen. Damit ist er im Vergleich zu anderem Grüntee besonders reich an Antioxidantien. Die sogenannten Polyphenole schützen Herz und Gefäße. Matcha hilft zudem, den Cholesterinspiegel und den Blutdruck zu senken. Außerdem beschleunigt das grüne Pulver den Fettstoffwechsel. Ferner enthält Matcha L-Threanin, eine Aminosäure, die für ihre entspannte und stimmungsaufhellende Wirkung bekannt ist. Durch seinen Koffeingehalt ist Matcha ein prima Muntermacher, der trotzdem gut verträglich ist. Matcha schmeckt mit heißem Wasser aufgebrüht als Tee, das Pulver verfeinert auch Gebäck, Süßspeisen oder Smoothies.

Kurkuma: Bekannt ist das orange leuchtende Gewürzpulver als Bestandteil von Currymischungen. Das leicht scharfe Gewürz wird aus der Wurzel der Kurkumapflanze gewonnen. Der wichtigste Inhaltsstoff von Kurkuma ist der Pflanzenfarbstoff Curcumin, der eine entzündungshemmende Wirkung hat. Kurkuma stärkt die Abwehrkräfte, regt den Stoffwechsel an und gilt als Geheimwaffe für schöne Haut und gesundes Haar. Du kannst das Pulver sowie die frische Wurzel verwenden, um süße, herzhafte Speisen sowie Getränke zu verfeinern. Die Bioverfügbarkeit von Kurkuma erhöht sich durch schwarzen Pfeffer und etwas Oliven- oder Kokosöl.

Chiasamen: Die winzigen Samen haben es in kürzester Zeit zu Ruhm gebracht. Nicht ohne Grund, liefern sie doch eine geballte Ladung an Vitalstoffen. Chiasamen punkten vor allem mit ihrem hohen Gehalt an Omega-3- und Omega-6-Fettsäuren. Diese schützen Herz, Gefäße und Gelenke. Mit reichlich Ballaststoffen bringen sie die Verdauung in Schwung und eignen sich gequollen in Form von Chiapudding als 1a-Powerfrühstück. Reichlich Vitamin E schützt vor freien Radikalen, regt die Regeneration von Hautzellen an und stärkt das Immunsystem. Jede Menge Kalzium, Magnesium und Eisen sowie viele Antioxidantien machen aus den Samen ein top Superfood. Ob im Müsli, in Smoothies, im Salat oder im Brot, pur oder gequollen als Gel – Chiasamen sind überaus vielseitig einsetzbar.

Blaubeeren (Heidelbeeren): Die kleinen Powerkugeln sind echtes heimisches Superfood. Ein bunter Vitalstoffcocktail macht die dunkelblauen Beeren zu einem wahren Jungbrunnen, der die Zellen frisch hält und Herz und Gefäße schützt. Die blaue Farbe ist nicht nur für die Namensgebung verantwortlich, sondern auch ein sekundärer Pflanzenstoff. Die sogenannten Anthocyane sind ein effektiver Radikalfänger und ein natürliches Anti-Aging-Mittel. Blaubeeren liefern zudem nervenstärkende B-Vitamine und augenschützendes Vitamin A. Noch bessere antioxidative Eigenschaften haben Wildheidelbeeren. Sie sind kleiner und das Fruchtfleisch ist intensiv dunkelblau. Im Sommer kannst du die wilden Beeren im Wald selbst pflücken.

Grünkohl: Der krause Kohl hat in den letzten Jahren dank grüner Smoothies ein Revival erlebt, und das zu Recht. Das grüne Blattgemüse ist ein Powerkohl, der mit seinem hohen Eisengehalt

GRÜNE POWER

Heimisches Superfood wächst auch direkt vor deiner Haustür: Brennnessel, Löwenzahn, Giersch oder Wegerich findest du bei einem Spaziergang auf der Wiese und am Wegesrand. Diese Wildkräuter sind wahre Powerpakete und überzeugen als Anti-Aging-Stars. Die grünen Kräuter eignen sich zum Verfeinern von Salaten und Smoothies.

überzeugt. Zudem trumpft Grünkohl mit einer außerordentlich großen Menge an Kalzium auf: 100 Gramm Kohl enthalten fast doppelt so viel wie Milch. Obendrein liefert der Kohl reichlich knochenschützendes Vitamin K und viel Vitamin C, das die Feuchtigkeit der Haut verbessert. Für die kräftig grüne Farbe sorgt der Pflanzenfarbstoff Chlorophyll. Er ermöglicht die Fotosynthese in Pflanzen und ist somit die Basis für Wachstum. Das Blattgrün unterstützt die Bildung des roten Blutfarbstoffs Hämoglobin und hat eine zellschützende Wirkung. Darüber hinaus soll Chlorophyll eine krebshemmende Wirkung haben. Auch anderes grünes Blattgemüse, wie Spinat, Mangold und Feldsalat, versorgt dich mit reichlich gesundheitsfördernden Vitalstoffen sowie belebendem Chlorophyll.

Quinoa: Das sogenannte Inkakorn aus den Anden wird wie Getreide zubereitet, ist aber keines. Quinoa ist mit Rote Bete und Mangold verwandt, enthält kein Gluten und ist daher für Menschen mit Glutenunverträglichkeit eine Alternative. Die kleinen, nussig schmeckenden Körner überzeugen mit hochwertigem Eiweiß, das alle essenziellen Aminosäuren enthält. Außerdem übertrumpft Quinoa klassisches Getreide mit einer Extraportion an wertvollen Mineralstoffen wie Magnesium, Kalzium und Zink. Der hohe Eisengehalt unterstützt die Blutbildung, sorgt für ein strahlend gesundes Aussehen und ist ein prima Muntermacher. Nicht zuletzt versorgen die kleinen Körner mit herzgesunden Fettsäuren.

Versuche auch einmal **Amarant** – die kleine Schwester des Quinoa liefert ebenfalls viele Vitalstoffe und ist mit ihren Ballaststoffen ein guter Sattmacher. Ein weiteres Superkorn ist die heimische **Hirse**, die wertvolle Inhaltsstoffe enthält. Obendrein ist das Beauty-Korn die Geheimwaffe für glänzendes Haar, kräftige Nägel und schöne Haut.

TAGESPLAN MIT BEAUTY- FAKTOR

Ausgewogene und vollwertige Lebensmittel liefern dem Körper die Grundlage für einen optimalen Stoffwechselprozess. Die heutige Lebensweise belastet aber häufig den Stoffwechsel. Unsere Mahlzeiten sind oft zu kalorienreich, es werden zu viele ungesunde Fette, reichlich Weißmehlprodukte und zu wenig pflanzliche Lebensmittel gegessen.

Das Geheimnis für strahlende Haut und eine Bikinifigur: Die tägliche Nahrung sollte so zusammengesetzt sein, dass du alle wichtigen Nährstoffe, die der Körper braucht, in der richtigen Menge erhältst. Alle Lebensmittel sollten eine hohe Nährstoffdichte haben, d.h., bei relativ wenigen Kalorien gleichzeitig viele Nährstoffe liefern.

BEAUTY-PROGRAMM MIT GENUSSFAKTOR

Sich satt essen, dabei das Gewicht halten und die Haut wirkungsvoll von innen pflegen ist daher ganz einfach: Frisches Obst und Gemüse, so viel du willst. Beeren, Möhren, Tomaten – Obst und Gemüse sind das wahre Nährstoff-Superfood. Bunte knackige Früchte enthalten nicht nur wertvolle Schönheitsvitamine und -mineralstoffe sowie zellschützende Antioxidantien, obendrein trumpfen Obst und Gemüse mit satt machenden Ballaststoffen auf und liefern gleichzeitig wenige Kalorien.

Dazu gibt es Getreide, am besten Vollwert, und Hülsenfrüchte – sie liefern reichlich Ballaststoffe und pflanzliches Eiweiß. Leichtes Geflügel und Meeresfisch sorgen für herzgesunde Omega-3-Fettsäuren und ebenfalls hochwertiges Eiweiß. Auch fettarme Milchprodukte wie Käse und Joghurt stehen auf dem Speiseplan. Gesundes Eiweiß fördert die Muskelbildung, aktiviert die Fettverbrennung und ist der Grundbaustoff von Haaren, Haut und Nägeln. In Maßen hochwertiges Fett wie Olivenöl, Rapsöl oder Hanföl sowie Nüsse und Samen sind unverzichtbar für Herz, Gefäße und die Gehirnfunktion. Obendrein sorgen sie für eine geschmeidige Haut. Mit frischen Kräutern erhalten deine Gerichte eine gesunde und aromatische Würze und du versorgst deinen Körper zusätzlich mit zellschützenden Antioxidantien.

START IN DEN TAG

Ein gesundes Frühstück macht munter, fördert die Leistungsfähigkeit und nährt Haut, Haare und Nägel. Sicherlich weißt du bereits, dass das Frühstück die Geheimwaffe für einen schlanken Körper ist. Denn der Körper verbraucht nachts Energie, die er sich aus dem Kohlenhydratspeicher holt. Dieser ist morgens größtenteils erschöpft – dein Körper braucht somit am Morgen ausreichend Startenergie, ansonsten sinkt der Blutzuckerspiegel ab und du wirst von Heißhungerattacken geplagt. Ein geregeltes Frühstück ist also der beste Garant für einen gesunden Start in deinen (Arbeits-)tag.

Auch wenn du zu den Frühstücksmuffeln zählst – Frühstücken ist nur eine Übungssache. Die vorliegenden Rezepte zeigen dir, wie vielfältig der Start aussehen kann. Wer morgens schlecht aus dem Bett kommt, wählt Rezepte, die am Vorabend vorbereitet werden, wie Overnight-Oats – damit sparst du morgens Zeit. Wer morgens nichts hinunterbekommt, kann sich einen Aufstrich oder einen Porridge mit ins Büro nehmen. Du siehst, es gibt keine Ausrede mehr, auf das Frühstück zu verzichten.

MITTAGESSEN – EINE BUNTE MISCHUNG!

Kohlenhydrate wie Nudeln, Reis, Getreide & Co. sollten mittags auf dem Speiseplan stehen. Sie machen zwar schnell, aber weniger dauerhaft satt. Deshalb ist es hilfreich, wenn sie mit eiweißreichen Lebensmitteln wie Hülsenfrüchten, Fisch, Fleisch oder Käse kombiniert werden. Denn Eiweiße sorgen für ein anhaltendes Sättigungsgefühl. Darüber hinaus sollte auf deinem Teller immer etwas Buntes wie Gemüse oder Salat sein!

Wer die Möglichkeit hat, im Büro, in der Kantine oder der Mensa gesunde und frische Gerichte zu bekommen, kann dort ruhig zugreifen. Ansonsten bieten dir die Rezepte in diesem Buch ein ideales Mittagessen, das sich unkompliziert und mit wenig Zeitaufwand zubereiten lässt. Viele Gerichte eignen sich zum Mitnehmen, diese kannst du bereits am Vorabend zubereiten und im Kühlschrank aufbewahren. So bist du gestärkt für die zweite Tageshälfte und beugst dem Leistungstief vor.

Wichtig: Auch das Mittagessen solltest du nicht ausfallen lassen. Es mag Situationen geben, in denen du keine Zeit hast. Allerdings solltest du diese nicht zum Dauerzustand werden lassen. Plane feste Zeiten ein und iss zumindest eine Kleinigkeit, so verhinderst du spätere Heißhungerattacken.

KEINE VERBOTE

Verbote machen meist noch Lust auf mehr. Das kennst du sicherlich noch aus Kindheitstagen, wenn man dir die Schokolade verboten hat. Zu viele Verbote führen meist so weit, dass man diese Lebensmittel dann im Übermaß verschlingt. Gönn dir zwischendurch einmal ein Stück Schokolade, ein Eis oder deinen Lieblingskuchen. Danach kannst du motiviert weitermachen. Du solltest es nur nicht übertreiben!

ABENDS EIWEISSREICH ESSEN

Für den Abend lautet die Devise, leicht Bekömmliches zu essen. Neben dem Hauptakteur Gemüse, das verdauungsfördernde Ballaststoffe liefert, solltest du zu hochwertigem tierischem oder pflanzlichem Eiweiß greifen. Gut passen z.B. Fisch oder Fleisch mit Gemüse. Aber auch Tofu und Getreide, wie Grünkern, Hirse oder Quinoa, sowie Hülsenfrüchte, wie Kichererbsen oder Bohnen, versorgen dich mit hochwertigem pflanzlichem Eiweiß.

Wenn du abends noch Lust auf Kohlenhydrate hast, musst du nicht alle Kohlenhydrate vom Speiseplan streichen, sondern nur die schnell verwertbaren wie Weißmehlprodukte und Zucker. Diese lassen nämlich den Blutzuckerspiegel extrem in die Höhe schnellen. Der Insulinspiegel steigt stark an, was die Fettverbrennung senkt. Dagegen sorgen sogenannte komplexe Kohlenhydrate, langsam verdauliche Kohlenhydrate aus Vollkornprodukten, für einen langsamen Anstieg und eine lange Sättigung. Sie können deinen Speiseplan als Beilage durchaus sinnvoll erweitern.

Ein Abendessen mit hochwertigem Eiweiß und gesunden Kohlenhydraten mit hohem Ballaststoffanteil macht satt und hilft dir, die Fettverbrennung im Körper anzukurbeln – das unterstützt dich effektiv gegen unleidige Fettpölsterchen.

WIE VIELE MAHLZEITEN AM TAG?

Am besten verteilst du die Energiezufuhr auf drei große Mahlzeiten am Tag. Studien zeigen, dass Esspausen von mindestens vier Stunden die Fettverbrennung auf Hochtouren laufen lassen. Wenn sich zwischendurch der kleine Hunger meldet, dann greife auf gesunde Snacks (siehe Seite 17) zurück.

Wirf doch mal einen Blick in deinen Kühl- und Vorratsschrank. Was siehst du dort? Findest du nur Fertiggerichte, Limonade und kaum frisches Obst und Gemüse? Künftig solltest du dafür keinen Platz mehr haben. Schließlich ist dein Körper kein Abfalleimer für künstliche Geschmacksstoffe, Konservierungsstoffe, ungesunde Fette und Zucker. Diese wertlosen Zutaten belasten deinen Stoffwechsel und sorgen für unnötige Fettpölsterchen. Befreie dich davon! Damit dein Körper optimal funktioniert und Haut und Haare wirkungsvoll gepflegt werden, benötigt er gesunde Lebensmittel und reichlich Vitalstoffe – und diese stecken in hochwertiger Nahrung.

RICHTIG PLANEN UND EINKAUFEN

Im Alltag mit womöglich stressigen Tagen im Büro ist es dir wahrscheinlich nicht immer möglich, noch voller Elan im Supermarkt einzukaufen und anschließend zu Hause frisch zu kochen. Deshalb ist es sinnvoll, den Vorratsschrank zu sortieren und einen Wochenplan zu erstellen. So hast du gesunde Alternativen parat und erliegst nicht der Versuchung, Junkfood zu futtern.

Die Erstellung eines Wochenplans hört sich zwar zeitintensiv an, allerdings spart es dir in der Woche Stress und Nerven. Idealerweise überlegst du dir am Wochenende, was du in der kommenden Woche essen möchtest. Die Rezepte in diesem Buch geben dir dazu vielfältige Anregungen. Anschließend notierst du, welche Lebensmittel du vorrätig hast und welche du benötigst. Leicht verderbliche Lebensmittel wie Obst, Gemüse, Fleisch, Fisch oder Eier kannst du dann zwei- bis dreimal die Woche frisch auf dem Markt oder im Supermarkt einkaufen.

AUF VORRAT

Folgende Lebensmittel eignen sich perfekt für die Vorratshaltung. Das heißt nicht, dass du alle aufgeführten Lebensmittel auch im Schrank haben musst. Du kannst auch viele Produkte einfach austauschen und wechselst dann durch.

Getreide und Getreideprodukte wie Couscous, Bulgur, Buchweizen, Hirse, Quinoa, Dinkel oder Haferflocken kannst du gut im Schrank aufbewahren. Bei Reis und Nudeln solltest du die Vollkornvariante wählen – sie hält die Figur in Form. Körner und Mehle sind in der Regel gut haltbar, lediglich frisch gemahlene

Vollkornmehle sollten innerhalb von vier bis acht Wochen verbraucht werden.

Hülsenfrüchte wie Kichererbsen, Bohnen und Linsen sind getrocknet fast unbegrenzt haltbar. Linsen gibt es in unterschiedlichen Farben und Größen, sie sind schnell zubereitet. Bohnen und Kichererbsen müssen meist über Nacht einweichen und lange kochen. Wenn es schnell gehen soll, kannst du zur Dosenvariante greifen, diese sind schon gekocht.

Nüsse und Samen bereichern täglich deinen Speiseplan, deshalb kommen sie in die Vorratskammer. Ganze Nüsse brauchen es trocken und luftig. Geschälte Nüsse und Samen am besten gut verschlossen im Kühlschrank aufbewahren und zügig verbrauchen. Nüsse kannst du übrigens auch gut einfrieren. Geschroteter Leinsamen wird schnell ranzig, deshalb in kleinen Mengen kaufen oder selbst schroten. Chiasamen dagegen sind problemlos mehrere Monate haltbar.

Hochwertige Pflanzenöle immer kühl und dunkel aufbewahren. Besonders empfindliche wie Leinöl und Nussöle in den Kühlschrank stellen. Da sie meist nur kurz haltbar sind, am besten zu kleinen Flaschen greifen. Ganz nebenbei kannst du somit auch für Abwechslung bei den Ölen sorgen.

Tiefgekühlte Produkte wie Obst, Gemüse, Kräuter oder Fisch sind eine prima Alternative, wenn du einmal wenig Zeit zum Kochen hast. Durch das rasche Tiefkühlen bleibt die Qualität erhalten und Nährstoffverluste sind gering. Außerdem sind tiefgekühltes Obst und Gemüse das ganze Jahr über erhältlich und so unabhängig von der Saison.

SÜSSEN, ABER RICHTIG!

Weißer Zucker ist ein leerer Energieträger, der lediglich Kalorien und keinerlei Vitalstoffe enthält. Deshalb gilt, dass du den Zuckerkonsum verringern solltest, denn Zucker ist neben Fett der Hauptverursacher von Übergewicht. Am besten gewöhnst du dir Schritt für Schritt an, deinen Zuckerverbrauch zu reduzieren. Du wirst sehen, dass du mit der Zeit ein anderes Empfinden gegenüber Süßem hast und es dir bald zu „süß" wird.

Süßstoffe und Zuckeraustauschstoffe stehen hoch im Kurs beim Abnehmen. Sie vermitteln dir aber kein natürliches Gefühl der

Süße und werden meist künstlich hergestellt. Es gibt natürliche, gesündere Alternativen, die du bewusst und in Maßen genießen kannst:

Trockenfrüchte wie Datteln, Feigen, Rosinen oder Aprikosen haben einen hohen Zuckeranteil, der für eine natürliche Süße sorgt. Außerdem sind sie reich an Mineralstoffen und verdauungsfördernden Ballaststoffen.

Agavendicksaft schmeckt eher neutral süß und hat eine deutlich höhere Süßkraft als Zucker – du brauchst also weniger davon.

Ahornsirup enthält im Vergleich zu raffiniertem Zucker rund ein Drittel weniger Kalorien und bringt zusätzlich noch ein paar Mineralstoffe mit.

Honig süßt stärker als Zucker und liefert in geringen Mengen weitere Vitalstoffe sowie antibakterielle Enzyme. Wer den gesundheitlichen Nutzen von Honig erhalten will, sollte darauf achten, ihn nicht über 40 °C zu erhitzen.

Vollrohrzucker stammt aus dem Saft des Zuckerrohrs und enthält den größten Anteil an Mineralstoffen und Spurenelementen. **Brauner Zucker** wird aus der Zuckerrübe gewonnen und mit Rohrzuckersirup ummantelt, der für die braune Farbe und den Geschmack sorgt. In Spuren sind noch Mineralstoffe vorhanden.

Klar sind alle Süßungsmittel Kalorienbomben und sollten daher sparsam eingesetzt werden.

IST „LIGHT/LEICHT" BESSER?

Was als „light" oder „leicht" gekennzeichnet ist, muss nicht weniger Fett und Kalorien enthalten. Der Begriff ist gesetzlich nicht geschützt und kann daher vieles bedeuten – wie beispielsweise leicht bekömmlich, koffeinarm oder alkoholarm. Ein Produkt, das mit „wenig Zucker" beworben wird, muss nicht gleichzeitig weniger Fett enthalten. Statt Zucker wurde dann meist ein Süßstoff oder Zuckeraustauschstoff zugesetzt. Der Fettgehalt kann trotzdem sehr hoch und das Lebensmittel somit sehr energiereich sein.

IN BEWEGUNG KOMMEN

REGELMÄSSIG TRAINIEREN

Trainiere nicht jeden Tag, das führt sonst zu einem Fitness-Burn-out. Es reicht, wenn du zwei- bis dreimal die Woche ein Ausdauertraining mit 30 bis 45 Minuten plus zehn Minuten Kräftigungsübungen machst.

Die Frage nach der richtigen Sportart lässt sich nicht pauschal beantworten, sie sollte dir vor allem Spaß machen. Probiere verschiedene Arten aus, die deinem Typ entsprechen, und wähle dann deinen Lieblingssport aus.

Stundenlanges Sitzen (z. B. im Büro) gefällt dem Körper gar nicht. Aktiv sein ist das Zauberwort – denn das lockt Glückshormone, sorgt für einen schönen Body und gibt dem Stoffwechsel den entscheidenden Kick!

Bevor du nun hochmotiviert loslegst und nach dem ersten Training feststellst, dass du völlig erschöpft bist und keine Lust mehr hast, solltest du eine Bewegungsform wählen, die dir wirklich Spaß macht. Joggen, nur weil es zig andere Menschen machen, kann nicht der richtige Grund sein.

Ein Irrtum ist zudem, dass viele denken, Sport muss richtig anstrengend und schweißtreibend sein, sonst nütze er nichts. Das führt eher dazu, dass du frustriert bist und dir womöglich mehr schadest als nutzt. Viel wichtiger ist, dass du dir eine Sportart suchst, die deinem Typ und deinen Bedürfnissen entspricht.

Denn – die Figur halten und abnehmen ist nur mit sportlicher Bewegung möglich. Mit der richtigen Fitness kannst du deinen Stoffwechsel und damit deinen Energieverbrauch anregen. Regelmäßiges Training unterstützt das Herz-Kreislauf-System, das Immunsystem wird gestärkt und die Durchblutung angeregt. Der Fettstoffwechsel wird angekurbelt und der Muskelaufbau gefördert. All das sorgt für eine straffe Figur, ein besseres Hautbild und ein strahlendes Aussehen. Sportliche Bewegung bringt nicht nur den Körper wieder in Balance, Sport fördert zudem die Ausschüttung des Glücksbotenstoffs Serotonin, das für gute Stimmung sorgt. Und nicht zuletzt werden durch Bewegung Stresshormone wie Cortisol oder Adrenalin abgebaut. Die Insulinausschüttung wird geregelt, sodass du weniger von Heißhungerattacken geplagt wirst.

AUSDAUERTRAINING

Beim Ausdauersport stehen dir verschiedene Möglichkeiten offen – je nachdem, ob du lieber im Fitnessstudio oder im Freien, allein oder in der Gruppe trainierst.

Bei Sportarten wie Nordic Walking, Laufen, Radfahren, Aerobic, Skilanglauf oder Schwimmen kommt dein Körper in Fahrt. Die Muskeln arbeiten, damit sie sich fortbewegen können. Für diese Arbeit braucht der Körper Energie und Sauerstoff. Beides wird über die Blutbahn herangeschafft.

Damit mehr Energie und mehr Sauerstoff zu den Zellen gelangen, muss dein Herz schneller schlagen und du atmest häufiger. Wenn du jetzt mit dem Ziel trainierst, schnell und gut durchgeschwitzt zu sein, dann kommst du erstens außer Puste und zweitens hast du wenig für deinen Fettstoffwechsel getan. Du wirst sicherlich ein gutes Gefühl haben, die Fettpölsterchen allerdings schmelzen nicht, denn es wurden vorwiegend die Kohlenhydratspeicher zur Energiegewinnung geleert.

Wenn du dagegen im gemäßigten Tempo läufst oder schwimmst, dann machst du alles richtig. Dann trainierst du mit optimaler Belastung, bei der du nicht außer Atem gerätst. Im Körper kommt es zu keinem Sauerstoffmangel. Der Fettstoffwechsel funktioniert unter dieser Voraussetzung am besten. Man bezeichnet solche Aktivitäten als aerob – mit dem Einsatz von Sauerstoff –, die Muskeln leiden nicht an Sauerstoffmangel, werden also auch nicht sauer.

Das Herz-Kreislauf-System wird so in Schwung gebracht, die Fettverbrennung angekurbelt und das Immunsystem gestärkt. Und das Beste: Bei regelmäßiger Aktivität verbrennst du nicht nur während des Sports Fett, sondern auch, wenn du auf dem Sofa sitzt. Denn schon nach wenigen Monaten läuft dein Stoffwechsel auf Touren.

KRAFTTRAINING

Hier steht das Muskeltraining im Vordergrund. Der Muskel wird wiederholt einer ausreichend großen Belastung ausgesetzt. Dadurch wird er kräftiger und leistungsfähiger. Keine Sorge, deshalb wirst du nicht gleich zum Bodybuilder. Im Vordergrund beim Krafttraining steht der Muskelerhalt. Mit verschiedenen Kräftigungsübungen erreichst du die Entwicklung und die Verbesserung der Muskelkraft. Trainierte Muskeln sind besser vor Überlastungen und Unfällen geschützt. Du stärkst deine Knochen, Gelenke, Sehnen und Bänder. Der Körper wird stabiler und mobiler. Langfristig hilft es dir auch, der Krankheit Osteoporose vorzubeugen.

Das Krafttraining kannst du im Fitnessstudio an Geräten durchführen. Mit wenig Aufwand kannst du auch zu Hause etwas für deine Muskeln tun. Ohne Geräte und mit einfachen Übungen kannst du effektiv den gesamten Körper trainieren.

DIE ROTE KARTE DEM INNEREN SCHWEINEHUND!

Den Kampf mit dem inneren Schweinehund hat jeder schon einmal erlebt. Ihm beizukommen ist gar nicht so einfach. Wirksame Strategien helfen dir, dich durchzusetzen:

1. Suche dir Gleichgesinnte, mit denen du gemeinsam trainieren kannst.

2. Plane feste Zeiten für deine Bewegung ein, damit du erst gar nicht in Versuchung kommst, keine Zeit zu haben.

3. Sieh Bewegung nicht als lästiges Muss an, sondern denke daran, dass die richtige Fitness dir hilft, gesünder und selbstbewusster durchs Leben zu gehen.

4. Ein Schrittzähler, ein Fitnessarmband oder ein Smartphone können Motivationshilfe für einen aktiveren Alltag sein, indem du überwachst, wie viele Schritte du am Tag gehst.

DIE RICHTIGEN NÄHRSTOFFE BEIM SPORT

Gute Leistungen beim Sport sind nur mit einer optimalen Ernährung möglich, die garantiert, dass dem Körper alle notwendigen Nährstoffe zur Verfügung stehen. Als Freizeitsportler hast du zwar nicht denselben Bedarf wie ein Leistungssportler, aber die richtige Ernährung kann die Fitness unterstützen und das Gewicht unter Kontrolle halten.

Wichtig ist, dass sich die Kalorienaufnahme und der -verbrauch die Waage halten. Du unterstützt deinen Körper nicht, wenn du hungerst. Im Gegenteil, das wirkt nämlich dem Aufbau von Muskelmasse entgegen.

KOMPLEXE KOHLENHYDRATE FÜR DIE AUSDAUER

Ohne Kohlenhydrate läuft im Sport nichts, denn sie sind die zentralen Energielieferanten. Kohlenhydrate, die beim Sport zur Verfügung stehen, sind vor allem in den Muskeln in Form von Glykogen gespeichert. Die Glykogenspeicher füllst du am besten mit komplexen Kohlenhydraten in Form von Vollkornprodukten wie Müsli, Vollkornnudeln oder -brot, Gemüse und Obst. Komplexe Kohlenhydrate machen lange satt, da sie langsam ins Blut wandern. Wer daher bei seiner Ernährung auf Low Carb setzt, der kann keine optimale Leistung bringen. Iss idealerweise zwei bis drei Stunden vor dem Sport kohlenhydratreich, dann sind die Speicher gut gefüllt. Vorsicht: Wenn die aufgenommenen Kohlenhydrate durch Muskelarbeit nicht verbraucht werden, dann machen sie dick.

UNTERSTÜTZT MEHR EIWEISS DIE MUSKULATUR?

Beim Krafttraining werden vor allem die Muskeln stark beansprucht. Für den Aufbau und die Regeneration benötigt der Muskel daher hochwertiges Eiweiß. Als Freizeitsportler bist du mit ausreichend Eiweiß versorgt, wenn die tägliche Energiezufuhr stimmt und du auf eine ausgewogene Zufuhr von Proteinen achtest. Gute Eiweißlieferanten sind mageres Fleisch, wie Rind oder Huhn, Fisch, Käse, magere Milch und Milchprodukte sowie Eier. Aber auch pflanzliches Eiweiß aus Hülsenfrüchten, Nüssen, vollwertigem Getreide, in Form von Nudeln oder Brot, versorgen dich bestens. Idealerweise kombinierst du tierisches und pflanzliches

KRAFT UND AUSDAUER KOMBINIEREN!

Am effektivsten trainierst du, wenn du Ausdauertraining und Kraftübungen kombinierst. Beim Ausdauertraining, wie Radfahren oder Schwimmen, verwertet dein Körper in der ersten Phase schnell verfügbare Kohlenhydrate. Anschließend schaltet der Körper um auf Fettverbrennung. Kraftübungen verbessern deine Muskulatur und erhöhen deinen Grundumsatz. Das bedeutet, dass du auch im Ruhezustand noch weiter Kalorien verbrennst.

Für eine optimale Kombination gehe zuerst Fahrrad fahren und mache anschließend noch ein paar Kräftigungsübungen. Wenn dir das an einem Tag zu viel ist, kannst du beides auch gleichmäßig über die Woche verteilen. Das bedeutet, an einem Tag machst du Ausdauersport und am nächsten ein paar Übungen für die Kräftigung der Muskulatur.

Eiweiß, so kann es der Körper am besten aufnehmen.
Aber keine Sorge, auch die richtige Kombination ausschließlich pflanzlicher Proteine stellt eine hochwertige Versorgung sicher (siehe Eiweiß Seite 33).

Vor allem im Fitnessstudio werden oft Eiweißshakes angeboten, die den Muskelaufbau beschleunigen sollen. Das bringt aber außer zusätzlichen Kalorien nichts. Also Hände weg!

APFELSCHORLE – DER PERFEKTE DURST-LÖSCHER

Unmittelbar nach dem Sport solltest du deinen Flüssigkeitsbedarf decken. Ein ausgezeichnetes Getränk ist die Apfelschorle, in einer Mischung von einem Teil Saft und zwei Teilen Wasser. Sie versorgt dich mit komplexen Kohlenhydraten und wichtigen Mineralstoffen, die du während des Sports durch Schwitzen verloren hast. Nicht geeignet sind kalorienreiche Getränke wie Limonade, Colagetränke, unverdünnte Fruchtsäfte und Energydrinks. Sie enthalten viele Kalorien, bleiben außerdem zu lange im Magen und können so den Körper nicht gleich mit wichtigen Vitalstoffen versorgen.

ESSEN VOR DEM TRAINING?

Die letzte größere Mahlzeit solltest du ca. zwei bis drei Stunden vor dem Sport eingenommen haben. Sonst liegt dir das Essen schwer im Magen. Gehörst du zu den Menschen, die sich gern morgens direkt nach dem Aufstehen bewegen, dann solltest du dies nicht mit leerem Magen tun, denn die Kohlenhydratspeicher sind über Nacht geleert worden. Die nötige Energie für den Sport holt sich der Körper dann aus dem Fettgewebe, das auf der einen Seite gut ist. Andererseits birgt es die Gefahr, dass du in Unterzucker kommst und dein Körper nicht mehr leistungsfähig ist. Trinke nach dem Aufstehen reichlich, wie z. B. eine Apfelschorle, und iss eine Banane. Beides versorgt dich mit komplexen Kohlenhydraten und liefert so die beste Grundlage für ein optimales Training.

MEHR BEWEGUNG IM ALLTAG

Mithilfe von Bewegung kannst du deinen Stoffwechsel ankurbeln und somit deinen Energieverbrauch positiv beeinflussen.

Ferner sorgst du somit für Stressabbau und gute Stimmung. Bringe konsequent täglich Bewegung in deinen Alltag, das hält dich fit und du hast bereits einen wertvollen Anfang gemacht. Benutze statt des Aufzugs öfter mal die Treppen. Eine weitere Möglichkeit ist es, einfach eine Station früher aus dem Bus oder der Bahn auszusteigen und den restlichen Weg zu Fuß zu gehen. Wenn du lieber mit dem Rad unterwegs bist, dann entscheide dich statt für das Auto oder den Bus fürs Radfahren. Auch zu Hause kannst du aktiver sein. Wenn du viel sitzt, stehe öfter einmal auf und drehe eine kleine Runde. Wie du siehst, hält der Alltag viele Möglichkeiten bereit, sich zu bewegen.

KALORIENVERBRAUCH IM ALLTAG UND BEIM SPORT

Durchschnittlicher Kalorienverbrauch pro Stunde in kcal:

Tätigkeit	Frauen 25–50 Jahre 164 cm 59 kg	Männer 25–50 Jahre 176 cm 74 kg
Bergwandern	335	435
Fußballspielen	390	507
Gartenarbeit	223	290
Gehen (4 km/h)	167	240
Golf	251	326
Gymnastik	223	290
Laufen (10 km/h)	558	725
Laufen (8 km/h)	446	580
Radfahren	335	435
Schwimmen	390	507
Skifahren (alpin)	390	507
Skilanglauf	446	580
Tennis	390	507
Tanzen	251	326

Wenn du dich gesund und ausgewogen ernährst, kannst du dein Idealgewicht am einfachsten halten. Die beste Methode, um abzunehmen, ist, den Fettanteil und die Kalorien der Mahlzeiten auf ein sinnvolles Maß zu reduzieren und gleichzeitig den Kalorienverbrauch sowie die Fettverbrennung durch viel Bewegung zu erhöhen.

Wenn du deinen Tagesplan zusammenstellst, dann achte auf Abwechslung und vermeide „leere Kalorien" in Süßigkeiten, Fast Food & Co.

Die Basis für den Schönheitstagesplan:

» reichlich pflanzliche Kost (frisches Obst, Gemüse und Salat) und Vollkornprodukte (Brot, Getreide, Nudeln und Reis)
» in Maßen tierische Lebensmittel wie Milch, Milchprodukte, Fisch, Fleisch und Eier
» wenig Streichfette, bevorzuge hochwertige pflanzliche Öle
» täglich 1,5 Liter Flüssigkeit wie Wasser oder ungesüßte Getränke
» täglich ein Lebensmittel mit Schönheits-Booster-Effekt

Eine Gewichtsabnahme von einem halben bis zu einem Kilogramm pro Woche ist eine realistische Prognose. Vermeide eine zu strikte Reduktion der Kalorienzufuhr. Das führt meist zu Heißhungerattacken und letztlich zu mehr auf den Hüften. Es reicht bereits aus, wenn du täglich maximal 500 kcal einsparst. So viele Kalorien stecken z. B. in einer Tafel Schokolade. Je langsamer das Gewicht reduziert wird, desto wahrscheinlicher kannst du es halten.

Der Wochenplan versorgt dich täglich mit ballaststoffreichen Gerichten, die satt machen und mit reichlich Beauty-Plus glänzen. Pro Tag liegt die Kalorienzufuhr bei maximal ca. 1400 Kalorien. Für die Bikinifigur solltest du die Esspausen zwischen den drei sättigenden Mahlzeiten einhalten, somit funktioniert die Fettverbrennung optimal. Snacks sind beim Abnehmen nicht erlaubt, aber aufgrund der hohen Nährstoffdichte der Gerichte auch nicht notwendig.

Wer seine Idealfigur nur halten möchte, hat noch Platz für ein bis zwei leichte Extras, um die 1800 Kalorien pro Tag zu erreichen.

SOS-WOCHEN-PLAN

SOS-WOCHENPLAN

Tag	Frühstück	Mittag	Abend	Kalorien pro Tag
1	Chia-Açai-Parfait mit Heidelbeeren	Buchweizencrêpes mit Frischkäse-Lachs-Füllung	Curry-Süßkartoffel-Suppe mit Seidentofu	
	309 kcal	665 kcal	410 kcal	**1384**
2	Hirsecreme mit Granatapfel und Orange	Bunte Gemüsesuppe mit Tofu to go	Hähnchen-Kokos-Curry	
	344 kcal	516 kcal	449 kcal	**1309**
3	Omelett mit Pilzen und Blattspinat	Gemüse-Hirse-Pfanne mit Feta	Buntes Ofengemüse mit Lachs in Hanfsamen-kruste	
	371 kcal	545 kcal	447 kcal	**1363**
4	Linsenaufstrich	Belugalinsensalat mit Kürbis und Grapefruit	Zoodles	
	210 kcal			
	+ 1 Scheibe Roggenbrot			
	100 kcal	544 kcal	440 kcal	**1294**
5	Vollkornbrot mit Hüttenkäse und Puten-brust	Linsen-Bulgur-Taler mit Schnittlauchdip	Kürbissuppe mit Grün-kohl und Kichererbsen	
	444 kcal	524 kcal	344 kcal	**1312**
6	Zoats	Quinoasalat mit Blatt-spinat und Granatapfel	Kabeljau aus dem Per-gamentpapier mit Fen-chel und Oliven	
	579 kcal	403 kcal	310 kcal	**1292**
7	Avocado-Sandwich mit Sprossen	Dinkelsalat mit Kurku-ma-Hähnchenstreifen	Quinoapfanne mit Eda-mame und Sprossen	
	436 kcal	555 kcal	377 kcal	**1368**

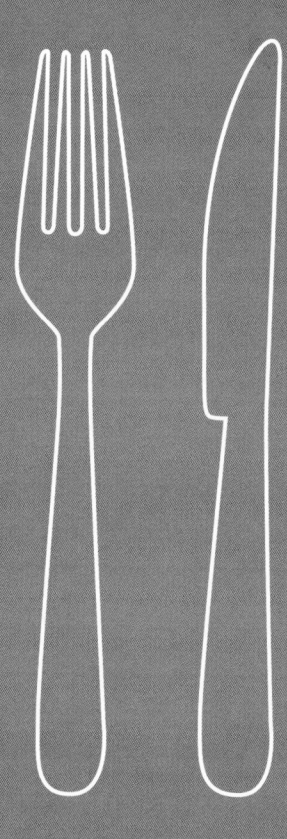

Rezepte

ES DARF GESCHLEMMT WERDEN! DIE GERICHTE SEHEN NICHT NUR TOLL AUS UND SCHMECKEN KÖSTLICH. SIE ÜBERZEUGEN AUCH MIT DEM GESUNDEN BEAUTY-PLUS, DAS DICH STRAHLEN LÄSST UND DEINER TRAUMFIGUR NÄHER BRINGT.

TIPP

Das Pflaumenpüree kurz erhitzen, dann hält der Aufstrich länger. Kurz abkühlen lassen, damit die Chiasamen ihre wertvollen Inhaltsstoffe behalten.

Anstatt Pflaumen passen auch Beeren wie Himbeeren, Brombeeren oder Erdbeere.

ARONIA-PFLAUMEN-AUFSTRICH MIT CHIASAMEN

ZUTATEN

2 EL getrocknete
Aroniabeeren

250 g Pflaumen

1 EL Agavendicksaft

2 ½ EL Chiasamen

....

für 1 Glas (250 ml)
15 Minuten + 30 Minu-
ten quellen lassen

ZUBEREITUNG

Die Aroniabeeren in Wasser einweichen. Abgießen und abtropfen lassen.

Die Pflaumen waschen, entkernen und klein würfeln. Mit
einem Stabmixer pürieren. Aroniabeeren, Agavendicksaft
und die Chiasamen unterrühren und im Kühlschrank etwa
30 Minuten quellen lassen. Zwischendurch umrühren, damit
sich keine Klümpchen bilden.

Nach Belieben den Aufstrich nochmals pürieren.

Den Aufstrich im Kühlschrank aufbewahren und innerhalb
von 4–5 Tagen verbrauchen.

BEAUTY-PLUS

Der selbst gemachte Aufstrich enthält viel weniger
Zucker und Kalorien, dafür mehr Ballaststoffe als ein
Fruchtaufstrich aus dem Supermarkt. Zudem liefern
Chiasamen reichlich Omega-3-Fettsäuren, Eisen und
Antioxidantien. Die farbgebenden Anthocyane der
Pflaumen und Aroniabeeren fungieren als effektive
Zellschützer und mindern Fältchen.

CHIA-AÇAI-PARFAIT MIT HEIDELBEEREN

ZUTATEN

550 ml Sojadrink
(ersatzweise andere
Pflanzendrinks oder
Milch, 1,5 % Fett)

4 gehäufte EL
Chiasamen

300 g Heidelbeeren
(frisch oder TK)

2 EL Açaibeerenpulver

2 EL Kokosflakes

....

2 Personen
10 Minuten + über
Nacht quellen lassen

ZUBEREITUNG

Für den Chiapudding zwei hohe Gläser mit jeweils 150 ml
Sojadrink füllen. Je 2 gehäufte Esslöffel Chiasamen unterrühren und im Kühlschrank über Nacht quellen lassen. Nach
jeweils 15 und 30 Minuten gut durchrühren, damit sich keine
Klümpchen bilden.

Am nächsten Morgen ggf. tiefgekühlte Heidelbeeren antauen
lassen. Die Beeren mit dem Açaibeerenpulver und dem restlichen Sojadrink pürieren und auf dem Chiapudding verteilen.
Mit den Kokosflakes bestreuen und servieren.

BEAUTY-PLUS

Das Superfood-Frühstück, vollgepackt mit zellschützenden Antioxidantien. Chiasamen sind ein wahrer Jungbrunnen für die Schönheit, hochwertiges Eiweiß schmeichelt den Haaren und Omega-3-Fettsäuren sorgen für
glatte Haut. Schönheitselixier Açaibeeren reduzieren mit
ihrem hohen Gehalt an Anthocyanen und Flavonoiden
den Alterungsprozess, Heidelbeeren verbessern mit viel
Vitamin C die Feuchtigkeit der Hautzellen.

HIRSECREME MIT GRANAT-APFEL UND ORANGE

ZUTATEN

80 g Hirse

½ Vanilleschote

2 getrocknete Datteln
(wahlweise
Medjool-Datteln)

½ Granatapfel

1 Orange

250 g Joghurt
(1,5 % Fett)

20 g Kürbiskerne

....

2 Personen
25 Minuten

ZUBEREITUNG

Die Hirse in einem Sieb unter fließendem heißem Wasser waschen und abtropfen lassen. Die Vanilleschote mit einem scharfen Messer aufschlitzen und das Mark herauskratzen.

Hirse, Vanillemark und -schote mit 300 ml Wasser in einen Topf geben und aufkochen. Bei schwacher Hitze 7–10 Minuten köcheln lassen, dabei gelegentlich umrühren. Vom Herd nehmen und 5 Minuten ausquellen lassen. Die Vanilleschote wieder entfernen.

Die Datteln halbieren, ggf. den Kern entfernen und in feine Streifen schneiden. Den Granatapfel halbieren und die Kerne herauslösen. Die Orange schälen und filetieren.

Die Hirse mit dem Joghurt vermischen und auf vier Schüsseln verteilen. Datteln, Granatapfelkerne und Orangenfilets darauflegen und alles mit Kürbiskernen bestreut servieren.

BEAUTY-PLUS

Das Geheimwaffen-Frühstück für strahlendes Aussehen. Das 1a-Beauty-Korn Hirse kräftigt mit viel Kieselsäure Haare und Nägel. Granatapfelkerne halten mit einer guten Portion Polyphenolen und Flavonoiden jung, und knackige Kürbiskerne liefern herzgesunde Fettsäuren, die für glatte Haut sorgen.

OVERNIGHT-OATS MIT KAKAO-NIBS

Kalorien
578
pro
Portion

ZUTATEN

100 g Haferflocken

½ TL Zimtpulver

300 ml Milch (1,5 % Fett, ersatzweise Pflanzen- milch)

2 kleine Bananen

100 g Himbeeren (frisch oder TK)

2 EL Mandelmus

2 EL Kakao-Nibs

Außerdem:

2 Einmachgläser oder Schalen

....

2 Personen
10 Minuten + über Nacht einweichen

ZUBEREITUNG

Die Haferflocken auf zwei Gläser aufteilen. Mit Zimtpulver bestreuen und jeweils die Hälfte der Milch darübergießen. Umrühren, das Glas verschließen und über Nacht im Kühl- schrank quellen lassen.

Am nächsten Tag die Bananen schälen und in Scheiben schneiden. Tiefgekühlte Himbeeren ggf. auftauen lassen. Die Overnight-Oats mit Banane und Himbeeren belegen. Das Mandelmus darüberträufeln und mit den gehackten Kakao-Nibs bestreuen.

BEAUTY-PLUS

Ein gesundes Frühstück, das lange satt hält und in Re- kordzeit zubereitet ist. Haferflocken unterstützen mit ihrem hohen Biotingehalt die Zellerneuerung von Haut, Haaren und Nägeln. Beeren punkten mit reichlich Vit- amin C, das die Kollagenbildung fördert. Kakao-Nibs, geschälte rohe Kakaobohnen, steuern viel Magnesium und zellschützende Antioxidantien bei.

AVOCADOSANDWICH MIT SPROSSEN

ZUTATEN

2 Vollkornbrötchen

1 Avocado

Saft von ½ Zitrone

2 Tomaten

1 kleiner Kohlrabi

Salz

Pfeffer

50 g Sprossen
(z. B. Radieschen-,
Linsensprossen, ersatz-
weise Kresse)

....

2 Personen
10 Minuten

ZUBEREITUNG

Die Brötchen halbieren. Die Avocado halbieren, den Kern entfernen und das Fruchtfleisch mithilfe eines Löffels herauslösen.
In dünne Streifen schneiden und mit Zitronensaft beträufeln.
Die Tomaten waschen und in Scheiben schneiden. Den Kohlrabi schälen, in Scheiben und dann in Stifte schneiden.

Die untere Brötchenhälfte mit den Tomatenscheiben belegen, die Avocado darauflegen. Mit Salz und Pfeffer würzen.
Die Sprossen darüber verteilen und mit der oberen Brötchenhälfte belegen. Die Kohlrabisticks dazu servieren.

BEAUTY-PLUS

Ein Morgengenuss, der bis zum Mittagessen satt
macht. Jungbrunnen Avocado liefert reichlich Vitamin
E, das freie Radikale unschädlich macht und die Regeneration der Hautzellen anregt. Sprossen enthalten
Aminosäuren, die die Regeneration von Haut- und Körperzellen unterstützen. Kohlrabi liefert satt machende
komplexe Kohlenhydrate.

OMELETT MIT PILZEN UND BLATTSPINAT

ZUTATEN

100 g Pilze

½ Zwiebel

150 g Blattspinat

2 EL Olivenöl

Salz

Pfeffer

Muskatnuss

4 Eier

2 EL geriebener
Parmesan

....

2 Personen

20 Minuten

ZUBEREITUNG

Die Pilze putzen und in Scheiben schneiden. Die Zwiebel schälen und fein hacken. Den Blattspinat putzen, waschen und abtropfen lassen. In einer beschichteten Pfanne 1 Esslöffel Öl erhitzen und die Zwiebel anschwitzen. Die Pilze dazugeben und kurz anbraten. Den Blattspinat hinzufügen und zusammenfallen lassen. Mit Salz, Pfeffer und Muskatnuss würzen, alles herausnehmen und beiseitelegen. Entstandenes Wasser ggf. abgießen.

Die Eier mit Salz in einer Schüssel verquirlen. Die Pfanne auswischen, das restliche Öl erhitzen und die Eiermasse hineingeben. Zugedeckt bei schwacher Hitze etwa 7 Minuten stocken lassen. Die Pilzfüllung auf einer Hälfte verteilen, den Parmesan darauf verteilen und das Omelett zusammenklappen. Herausnehmen, mittig halbieren und sofort servieren.

BEAUTY-PLUS

Kollagenförderndes Frühstück. Eier enthalten eine geballte Ladung an Nährstoffen, die der Haut gut tun: Kollagenaufbauendes Eiweiß, reichlich Biotin verbessert die Zellerneuerung von Haut, Haaren und Nägeln, Omega-3-Fettsäuren sorgen für eine glatte Haut und Karotinoide wirken als effektiver Radikalfänger. Spinat steuert den Muntermacher Eisen bei.

TIPP

Für Vegetarier eignet sich anstatt Putenbrust auch fett-
armer Käse wie z. B. Tilsiter oder Harzer Käse.

VOLLKORNBROT MIT HÜTTENKÄSE UND PUTENBRUST

ZUTATEN

4 Scheiben Vollkornbrot

150 g Hüttenkäse

Salz

Pfeffer

80 g Putenbrust-
scheiben

½ Kästchen Kresse

1 gelbe Paprika

....

2 Personen
10 Minuten

ZUBEREITUNG

Die Vollkornbrotscheiben mit Hüttenkäse bestreichen. Mit Salz und Pfeffer würzen. Die Putenbrustscheiben darauf verteilen. Die Kresse vom Beet schneiden und die Vollkornbrote damit bestreuen.

Die Paprika waschen und halbieren. Die Samen und weißen Trennwände entfernen und in Streifen schneiden.

Die Vollkornbrote mit der Paprika servieren.

BEAUTY-PLUS

Schönmacher-Sandwich: Hüttenkäse und Putenbrust liefern fettarmes hochwertiges Eiweiß – ein Beauty-Booster für glatte Haut, feste Nägel und schönes Haar. Vollkornbrot hält mit reichlich Ballaststoffen den Blutzuckerspiegel konstant und macht somit lange satt. Paprika punktet mit dem Extrakick Vitamin C für einen frischen Teint.

ZOATS – ZUCCHINI-HAFER-FLOCKEN-PORRIDGE

Kalorien
579
pro
Portion

ZUTATEN

1 mittelgroße Zucchini
(ca. 200 g)

150 g Haferflocken

1 gehäufter EL geschroteter Leinsamen

½ TL Zimtpulver

1 Prise Salz

400 ml Milch (1,5 % Fett, ersatzweise Pflanzenmilch oder Wasser)

1 Apfel

20 g Walnusskerne

2 EL Gojibeeren

....

2 Personen
20 Minuten

ZUBEREITUNG

Die Zucchini waschen, putzen und fein raspeln. Haferflocken, Leinsamen, Zimtpulver, Salz und Milch in einen Topf geben und aufkochen. Unter Rühren bei schwacher Hitze 3–4 Minuten köcheln lassen. Die Zucchini unterrühren und kurz erwärmen. Bei Bedarf etwas mehr Milch dazugeben.

Die Zoats auf zwei Schalen aufteilen.

Den Apfel waschen, halbieren und vom Kerngehäuse befreien, vierteln und in Scheiben schneiden. Die Walnusskerne grob hacken.

Den Apfel und die Gojibeeren auf dem Porridge verteilen und mit Walnusskernen bestreuen. Sofort servieren.

BEAUTY-PLUS

Zoats – Zucchini + Oats (oatmeal = Haferbrei) – eine Mischung, die satt macht! Zucchini macht den Porridge nicht nur schön saftig, sondern sorgt für eine Extraportion Vitalstoffe. Leinsamen punktet mit supergesunden Omega-3-Fettsäuren, die für eine geschmeidige Haut sorgen, und der Apfel überzeugt mit Quercetin, einem Antioxidans, das wirksamer ist als Vitamin C.

LINSENAUFSTRICH
MIT INGWER

Kalorien
210
pro
Portion

ZUTATEN

2 Möhren (ca. 200 g)

70 g rote Linsen

Salz

1 Stück Ingwer
(2 cm lang)

1 EL Hanföl

½ TL gemahlener
Kreuzkümmel

Pfeffer

....

2 Personen (350 ml)
18 Minuten

ZUBEREITUNG

Die Möhren schälen und klein würfeln. Mit den Linsen in einen Topf geben. Mit 250 ml Wasser aufgießen, salzen und etwa 10–12 Minuten zugedeckt köcheln lassen. Gelegentlich umrühren und bei Bedarf noch etwas Wasser hinzufügen. Die Linsen sollten das Wasser aufgesogen haben, restliches Wasser ggf. abgießen.

Den Ingwer schälen und fein hacken. Möhren, Linsen, Ingwer und Hanföl mit dem Stabmixer pürieren. Mit Kreuzkümmel, Salz und Pfeffer abschmecken.

Der Aufstrich hält sich luftdicht verpackt im Kühlschrank 3–4 Tage.

TIPP

Aus dem Vorratsschrank: Wer keinen Rucola zu Hause hat, kann ihn auch durch tiefgekühltes Gemüse wie Erbsen oder Brokkoli ersetzen.

Für einen veganen Aufstrich den Joghurt durch Sojajoghurt ersetzen.

RUCOLA-KICHERERBSEN-AUFSTRICH

Kalorien
321
pro
Portion

ZUTATEN

150 g gegarte Kicher-
erbsen

50 g Rucola

50 g Joghurt (1,5 % Fett)

1 TL Sesampaste (Tahin)

2 EL Leinöl

Saft von ½ Zitrone

Salz

Pfeffer

1 EL Sesam

....

2 Personen (ca. 250 g)
25 Minuten

ZUBEREITUNG

Die Kichererbsen abspülen und abtropfen lassen. Den Rucola waschen, trocken schütteln und grob zerkleinern.

Die Kichererbsen mit Rucola, Joghurt, Sesampaste, 30 ml Wasser und dem Leinöl mit einem Pürierstab oder in einer Küchenmaschine cremig pürieren. Nach Bedarf etwas mehr Wasser hinzufügen. Mit Zitronensaft, Salz und Pfeffer abschmecken. Mit Sesam bestreuen und servieren.

BEAUTY-PLUS

Der nussig schmeckende Aufstrich liefert nachhaltig Energie, denn die ballaststoffreichen Kichererbsen halten lange satt. Rucola trumpft mit den Karotinoiden Lutein und Zeaxanthin auf, die die Augen schützen. Reichlich Vitamin C fördert die Kollagenbildung und verbessert den Feuchtigkeitsgehalt der Haut. Leinöl rundet mit Vitamin E und Omega-3-Fettsäuren für einen frischen und glatten Teint ab.

KRÄUTERTABOULEH MIT ORIENTALISCHEN HACK-BÄLLCHEN

ZUTATEN

Für den Couscous:

100 g Couscous

½ rote Zwiebel

½ Salatgurke

100 g Kirschtomaten

½ Bund Petersilie

4 Zweige Minze

2 EL Olivenöl

Saft von ½ Zitrone

Salz, Pfeffer

**Für die Hackbällchen
(6–8 Stück):**

1 kleine Knoblauchzehe

½ rote Zwiebel

½ Bund Petersilie

250 g Rinderhackfleisch

½ TL gemahlener
Kreuzkümmel

½ TL gemahlener
Koriander

½ TL Kurkumapulver

Salz, Pfeffer

Außerdem:

4 kleine Holzspieße

Backpapier

ZUBEREITUNG

Für die Hackbällchen die Knoblauchzehe und die Zwiebel schälen und fein hacken. Die Petersilie waschen, trocken schütteln und fein hacken. Das Hackfleisch mit Knoblauch, Zwiebel und Petersilie vermischen. Mit Kreuzkümmel, Koriander, Kurkuma, Salz und Pfeffer würzen und alles gut verkneten. Aus der Masse acht Hackbällchen formen und je zwei Stück auf einen Holzspieß stecken.

Den Backofen auf 180 °C erhitzen. Ein Backblech mit Backpapier auslegen. Die Hackbällchenspieße auf das Backpapier legen und etwa 15 Minuten backen.

Inzwischen den Couscous in eine Schüssel geben und mit 150 ml kochendem Wasser übergießen. Zugedeckt 10 Minuten quellen lassen.

Die Zwiebel schälen und fein würfeln. Die Gurke waschen, vierteln und klein würfeln. Die Tomaten waschen und vierteln. Die Petersilie und die Minze waschen, trocken schütteln und fein hacken.

Den Couscous mit einer Gabel durchrühren, Öl und Zitronensaft einrühren. Zwiebel, Tomaten, Gurke und Kräuter unterrühren. Mit Salz und Pfeffer abschmecken.

Das Kräutertabouleh mit den Hackbällchen servieren.

Zum Mitnehmen beides separat in Boxen verpacken.

....

2 Personen
30 Minuten

BELUGALINSENSALAT MIT KÜRBIS UND GRAPEFRUIT

ZUTATEN

100 g Belugalinsen

Salz

2 Stangen Stauden-
sellerie

300 g Hokkaido-Kürbis

1 kleine Zwiebel

2 EL Olivenöl

1 Pink Grapefruit

50 g Feldsalat

30 g Kürbiskerne

**Für das Orangen-
dressing:**

2 EL Walnussöl

2 EL Weißweinessig

50 ml Orangensaft

1 TL Dijonsenf

Salz

Pfeffer

....

2 Personen
50 Minuten

ZUBEREITUNG

Die Belugalinsen in 200 ml leicht gesalzenem Wasser bei schwacher Hitze in 30–35 Minuten bissfest kochen. Abgießen und abtropfen lassen.

Den Sellerie und den Kürbis schälen und in 1 cm große Würfel schneiden. Die Zwiebel schälen und fein hacken. In einer Pfanne das Olivenöl erhitzen und die Zwiebel glasig anschwitzen. Das Gemüse dazugeben und in 5–6 Minuten bissfest anbraten.

Die Grapefruit filetieren. Den Feldsalat putzen, waschen und trocken schütteln.

Für das Dressing alle Zutaten miteinander verquirlen.

Die Linsen mit dem Orangendressing und dem gebratenen Gemüse vermischen.

Zum Mitnehmen den Linsensalat in ein geeignetes Gefäß schichten. Die Grapefruitfilets daraufgeben, den Feldsalat dazugeben und mit den Kürbiskernen bestreuen.

Zum Servieren alles miteinander vermischen.

BEAUTY-PLUS

Der fruchtige Linsensalat punktet mit vielen Ballaststoffen und ist daher ein prima kalorienarmer Sattmacher. Hochwertiges Eiweiß in Linsen ist ein Beauty-Booster. Haut, Haare und Nägel profitieren obendrein von reichlich Zink, das zudem das Immunsystem stärkt. Das Betakarotin im Kürbis schützt die Haut von Sonnenschäden. Feldsalat trumpft mit viel Eisen auf, das für schöne Haut und feste Nägel sorgt.

BROTSALAT MIT TOMATEN, RADIESCHEN UND PARMESAN

Kalorien
680
pro
Portion

ZUTATEN

4 dicke Scheiben Voll-
kornbaguette vom
Vortag

1 kleine Knoblauchzehe

3 EL Olivenöl

Salz

Pfeffer

150 g Kirschtomaten

1 kleine Landgurke

½ Bund Radieschen

2 Stangen Stauden-
sellerie

50 g Rucola

2 EL Aceto balsamico

1 EL süßer Senf

40 g Parmesanspäne

10 Blätter Basilikum

....

2 Personen

15 Minuten

ZUBEREITUNG

Das Baguette in grobe Würfel schneiden. Die Knoblauchzehe schälen. In einer Pfanne 2 Esslöffel Olivenöl und den Knoblauch erhitzen, die Brotwürfel darin goldbraun rösten. Mit Salz und Pfeffer würzen.

Die Tomaten waschen und halbieren. Die Gurke waschen, längs vierteln und in Scheiben schneiden. Die Radieschen putzen, waschen und in dünne Scheiben schneiden oder hobeln. Den Staudensellerie waschen, putzen, ggf. harte Fäden ziehen und in dünne Scheiben schneiden. Den Rucola waschen und trocken schütteln.

Das restliche Olivenöl mit Aceto balsamico, Senf, Salz und Pfeffer verquirlen.

Zum Mitnehmen das Dressing in ein geeignetes Gefäß füllen, die Gurken, Tomaten, Sellerie, Radieschen und Rucola daraufschichten. Zuletzt die Brotwürfel und die Parmesanspäne daraufgeben. Mit Basilikumblättern bestreuen.

Zum Servieren alles vorsichtig vermengen.

BEAUTY-PLUS

Ein schneller erfrischender Salat, der den Stoffwechsel auf Touren bringt: Vollkorn ist ein prima Sattmacher. Radieschen liefern scharfe Senföle, die bei der Abwehr von Bakterien und Viren helfen und die Verdauung anregen. Rucola punktet mit viel Vitamin C, das den Feuchtigkeitsgehalt der Haut verbessert. Tomaten steuern Lykopin bei – einen effektiven Radikalfänger.

REISSALAT MIT GARNELEN UND MELONE

ZUTATEN

150 g Basmati-
vollkornreis

Salz

1 Knoblauchzehe

4 Frühlingszwiebeln

½ Cantaloupe-Melone
(ca. 250 g)

4 Stiele Petersilie

4 EL Olivenöl

1 Zweig Rosmarin

200 g Garnelen (mit
Schale, ohne Kopf)

Pfeffer

Chiliflocken

....

2 Personen
40 Minuten

ZUBEREITUNG

Den Reis mit 300 ml Salzwasser zum Kochen bringen.
Zugedeckt bei schwacher Hitze 30–35 Minuten köcheln
lassen. Abkühlen lassen.

Inzwischen den Knoblauch schälen und mit dem Messerrücken fest andrücken. Die Frühlingszwiebeln waschen,
putzen und schräg in Scheiben schneiden. Die Melone
schälen, von den Kernen befreien und klein würfeln. Die
Petersilie waschen, trocken schütteln und klein hacken.

1 Esslöffel Öl in einer beschichteten Pfanne erhitzen und
die Frühlingszwiebeln 2 Minuten anbraten, salzen und
herausnehmen. 2 Esslöffel Öl erhitzen, Knoblauch, Rosmarin und Garnelen dazugeben und bei starker Hitze von
jeder Seite 3–4 Minuten anbraten. Mit Salz und Pfeffer
würzen.

Den Reis mit Frühlingszwiebeln und Garnelen mischen.
Die Melone und die Petersilie unterheben. Den Reissalat
mit dem restlichen Olivenöl, Zitronensaft, Salz, Pfeffer
und Chiliflocken abschmecken.

BEAUTY-PLUS

Frische Zellen dank Vollkornreis – der hohe Biotingehalt
verbessert den Feuchtigkeitshaushalt und die Zellerneuerung der Haut. Frühlingszwiebeln liefern ätherische
Schwefelöle und Bioaktivstoffe wie Allicin, die entzün-
dungshemmend und zellschützend wirken. Melone steuert hautstraffendes Vitamin C und augenschützendes
Vitamin A bei. Garnelen runden mit Beauty-Booster Eiweiß und zellschützenden Karotinoiden ab.

COUSCOUSSALAT MIT MÖHREN & PAPRIKA

Kalorien
551
pro
Portion

ZUTATEN

20 g Sonnenblumen-
kerne

100 g Couscous

2 Möhren

1 rote Paprika

100 g Champignons

3 Stiele Petersilie

4 EL Olivenöl

Salz

Pfeffer

30 g Joghurt (1,5 % Fett)

Saft von ½ Zitrone

....

2 Personen
20 Minuten

ZUBEREITUNG

Die Sonnenblumenkerne in einer Pfanne ohne Fett rösten und beiseitestellen.

Den Couscous in eine Schüssel geben und mit 150 ml kochendem Wasser übergießen. Zugedeckt 10 Minuten quellen lassen.

Inzwischen die Möhren schälen und klein würfeln. Die Paprika waschen, halbieren, Samen und weiße Trennwände entfernen und klein würfeln. Die Champignons putzen und in Scheiben schneiden. Die Petersilie waschen, trocken schütteln und klein hacken.

In einer Pfanne 2 Esslöffel Öl erhitzen, Möhre und Paprika 3 – 4 Minuten anbraten. Die Pilze dazugeben und weitere 2 Minuten braten. Mit Salz und Pfeffer würzen.

Für das Dressing das restliche Olivenöl mit Joghurt und Zitronensaft verquirlen. Salzen und pfeffern.

Den Couscous mit einer Gabel durchrühren. Das Gemüse und das Dressing dazugeben und gut vermischen. Den Salat in ein geeignetes Gefäß füllen. Die Sonnenblumenkerne und die Petersilie daraufgeben. Zum Servieren gut vermischen.

BEAUTY-PLUS

Hautschmeichelnder Salat: Sonnenblumenkerne protzen mit Vitamin E, das die Regeneration der Hautzellen anregt. Möhren sind reich an Betakarotin, einer Vorstufe von Vitamin A, das eine glatte, geschmeidige Haut fördert. Und Paprika sorgt mit viel Vitamin C für einen strahlenden Teint.

BULGURPILAW MIT ROSINEN UND SHIITAKE

Kalorien
635
pro
Portion

ZUTATEN

1 kleine Zwiebel

1 Stück Ingwer
(2 cm lang)

150 g Shiitake-Pilze

1 gelbe Paprika

50 g Walnusskerne

2 EL Olivenöl

100 g Bulgur

30 g Rosinen

1 Gewürznelke

1 Msp. gemahlener
Koriander

1 Msp. Zimtpulver

4 Stiele Petersilie

Salz

Pfeffer

....

2 Personen
30 Minuten

ZUBEREITUNG

Die Zwiebel und den Ingwer schälen und fein hacken. Die Pilze putzen und in Scheiben schneiden. Die Paprika waschen, halbieren, Samen und weiße Trennwände entfernen. Die Paprika in Streifen schneiden. Die Walnusskerne grob hacken.

Das Öl in einer Pfanne erhitzen, Zwiebel und Ingwer anschwitzen. Shiitake und Paprika dazugeben und kurz anbraten. Bulgur und Rosinen hinzufügen. Gewürznelke, Koriander und Zimtpulver hinzufügen und mit 200 ml Wasser aufgießen. Zugedeckt bei schwacher Hitze 10–12 Minuten köcheln lassen, bis der Bulgur das Wasser aufgesogen hat und gar ist. Dabei gelegentlich umrühren. Die Petersilie waschen, trocken schütteln, fein hacken und über den Bulgur streuen. Walnusskerne darüberstreuen. Mit Salz und Pfeffer abschmecken.

Zum Mitnehmen in ein geeignetes Gefäß füllen.

BEAUTY-PLUS

Das aromatische Gericht vereint wertvolle B-Vitamine und Zink aus dem Bulgur, die für gesunde Haare und Nägel sorgen. Ferner punkten Walnüsse mit hochwertigen Fettsäuren und zellschützendem Vitamin E, die für strahlende Haut und glänzende Haare sorgt. Shiitake liefern Pantothensäure für eine glatte Haut.

GEMÜSE-HIRSE-PFANNE MIT FETA

Kalorien
545
pro
Portion

ZUTATEN

100 g Hirse

1 Zwiebel

1 kleine rote Chilischote

1 rote und 1 gelbe Paprika

1 Zucchini

2 Frühlingszwiebeln

2 EL Olivenöl

300 ml Gemüsebrühe

Salz

Pfeffer

100 g Feta

....

2 Personen

25 Minuten

ZUBEREITUNG

Die Hirse in einem Sieb unter fließendem heißem Wasser waschen und abtropfen lassen.

Die Zwiebel schälen und fein hacken. Die Chilischote putzen, waschen und fein hacken. Die Paprika waschen, halbieren, Samen und weiße Trennwände entfernen und klein würfeln. Die Zucchini waschen und klein würfeln. Die Frühlingszwiebeln putzen, waschen und schräg in Scheiben schneiden.

In einer Pfanne das Öl erhitzen und die Zwiebel anschwitzen. Chilischote, Paprika, Zucchini und Frühlingszwiebel dazugeben und unter Rühren 3 – 4 Minuten anbraten. Die Hirse hinzufügen und die Gemüsebrühe aufgießen. Alles bei schwacher Hitze 7 – 10 Minuten köcheln lassen, bis die Hirse gar ist. Bei Bedarf noch etwas Wasser hinzufügen. Dabei gelegentlich umrühren. Zugedeckt 5 Minuten ausquellen lassen.

Die Hirsepfanne mit Salz und Pfeffer abschmecken. Den Feta zerkrümeln und untermischen. Zum Mitnehmen abkühlen lassen und in ein geeignetes Gefäß füllen.

BEAUTY-PLUS

Reiner Beauty-Genuss: Hirse kräftigt mit viel Kieselsäure Haare und Nägel. Ferner punktet das Getreidekorn mit reichlich Eisen, das für strahlendes Aussehen sorgt und ein prima Muntermacher ist. Vitamin-C-Bombe Paprika verbessert die Aufnahme von Eisen und wirkt zugleich frühzeitiger Hautalterung entgegen.

QUINOASALAT MIT BLATT-
SPINAT UND GRANATAPFEL

ZUTATEN

100 g bunte Quinoa

Salz

1 gelbe Paprika

1 Granatapfel

100 g Baby-Blattspinat

2 EL geschälte
Hanfsamen

Für das Dressing:

2 EL Hanföl

2 EL Orangensaft

1 EL Aceto balsamico
bianco

Salz

Pfeffer

································

2 Personen
35 Minuten

ZUBEREITUNG

Die Quinoa in einem Sieb unter fließendem heißem Wasser abspülen. Mit 250 ml Salzwasser zum Kochen bringen und 20 Minuten zugedeckt bei schwacher Hitze köcheln lassen. 5 Minuten ausquellen lassen.

Die Paprika waschen, halbieren, von Samen und weißen Trennwänden befreien. In Streifen schneiden. Granatapfel halbieren und die Kerne aus dem Granatapfel herauslösen. Den Blattspinat waschen und trocken schütteln.

Für das Dressing alle Zutaten verquirlen.

In einer Schüssel Quinoa, Paprika, Granatapfel und Blattspinat vermischen. Das Dressing vorsichtig unterrühren. Mit den Hanfsamen bestreuen und servieren.

Zum Mitnehmen die Quinoa komplett abkühlen lassen. Danach mit den restlichen Zutaten mischen. Das Dressing extra verpacken. Bis zum Servieren kühl stellen.

BEAUTY-PLUS

Farbenfroher Salat mit Faltenglätter Hanf: Hanföl und -samen trumpfen mit reichlich Gamma-Linolensäure auf, die für die Geschmeidigkeit der Haut sorgt und frühzeitige Faltenbildung mildert. Granatapfel hält mit einer guten Portion Polyphenolen und Flavonoiden jung. Spinat punktet mit Schönmacher Biotin. Quinoa hält eine Extraportion Eisen für strahlend frisches Aussehen parat.

BUCHWEIZENSALAT MIT ZUCCHINI, MAIS UND CASHEWKERNEN

Kalorien
654
pro Portion

ZUTATEN

125 g Buchweizen

Salz

30 g Cashewkerne

1 Zwiebel

1 mittlere Zucchini (ca. 300 g)

100 g Mais (aus der Dose)

2 Stiele Thymian

3 EL Olivenöl

2 EL Apfelessig

2 TL Cashewmus

1 TL Agavendicksaft

Pfeffer

....

2 Personen
30 Minuten

ZUBEREITUNG

Den Buchweizen in einem Sieb unter fließendem kaltem Wasser abspülen und abtropfen lassen. Mit 250 ml leicht gesalzenem Wasser in einem Topf zum Kochen bringen. Den Herd ausschalten und zugedeckt 20 Minuten ausquellen lassen. Ggf. restliches Wasser abgießen und abtropfen lassen.

Inzwischen die Cashewkerne in einer Pfanne ohne Fett kurz rösten. Abkühlen lassen und grob hacken. Die Zwiebel schälen und fein hacken. Die Zucchini waschen und klein würfeln. Den Mais abspülen und abtropfen lassen. Den Thymian waschen, trocken schütteln und die Blätter abzupfen.

In einer beschichteten Pfanne 1 Esslöffel Olivenöl erhitzen und die Zwiebeln glasig anschwitzen. Die Zucchini dazugeben und 4–5 Minuten anbraten. Mit Salz, Pfeffer und den Thymianblättern würzen.

Das restliche Olivenöl mit Essig, Cashewmus, Agavendicksaft und 2 Esslöffeln Wasser verquirlen. Mit Salz und Pfeffer würzen. Buchweizen, Zucchini, Mais und Dressing vermischen.

Zum Mitnehmen den Buchweizensalat in ein geeignetes Gefäß füllen. Die Cashewkerne darüberstreuen. Zum Servieren den Salat vermischen.

BEAUTY-PLUS

Löffelweise Schönheit: Buchweizen liefert hochwertiges Eiweiß, das ein Beauty-Booster für gesunde Haut, Haare und Nägel ist. Die Karotinoide Lutein und Zeaxanthin im Mais fördern die Gesundheit der Augen. Olivenöl punktet mit Vitamin E, das die Feuchtigkeit der Haut verbessert und sie zart und geschmeidig macht.

BUCHWEIZENCRÊPES MIT FRISCHKÄSE-LACHS-FÜLLUNG

Kalorien
665
pro
Portion

ZUTATEN

Für die Crêpes:

125 g Buchweizenmehl

1 Ei

250 g Joghurt
(1,5 % Fett)

1 EL Olivenöl

50 ml Milch (1,5 % Fett)

Salz

Für die Frischkäse-Lachs-Füllung:

100 g leichter
Frischkäse

100 g Joghurt (1,5 %
Fett)

100 g geräucherter
Lachs

Saft von ½ Zitrone

1 EL Olivenöl

2 EL frisch
gehackter Dill

Salz

Pfeffer

Außerdem:

Rapsöl zum Ausbraten

....

2 Personen
40 Minuten

ZUBEREITUNG

Für die Crêpes in einer Schüssel das Mehl mit Ei, Joghurt, Olivenöl, Milch und Salz zu einem dickflüssigen glatten Teig verquirlen. Bei Bedarf noch etwas Milch hinzufügen.

Für die Füllung den Frischkäse mit dem Joghurt verrühren. Den geräucherten Lachs klein würfeln und unterrühren. Die Mischung mit Zitronensaft, Olivenöl, Dill, Salz und Pfeffer abschmecken.

In einer beschichteten Pfanne wenig Rapsöl erhitzen. Den Teig nochmals durchrühren und 4 dünne Crêpes ausbraten. Auf einem Küchenpapier abtropfen lassen.

Die Füllung auf die Crêpes verteilen, verstreichen und aufrollen. Nach Belieben mittig schräg halbieren. Zum Mitnehmen in ein geeignetes Gefäß geben und bis zum Servieren in den Kühlschrank stellen.

BEAUTY-PLUS

Köstliche Crêpes, die Falten glätten: Lachs enthält reichlich Omega-3-Fettsäuren, die für eine geschmeidige und faltenfreie Haut sorgen. Obendrein unterstützen Selen und Kupfer die Produktion von Kollagen. Buchweizen liefert reichlich Ballaststoffe, die den Blutzuckerspiegel konstant halten und satt machen, zudem liefert er zellschützende Antioxidantien.

TIPP

Schneller geht's mit Schnellkochdinkel. Dazu die Körner mit der doppelten Menge Wasser aufkochen, 2 Minuten köcheln, Herd ausschalten und dann 20 Minuten zugedeckt quellen lassen.

BEAUTY-PLUS

Beauty-Gesamtpaket für schöne Haare, feste Nägel und glänzendes Haar: Dinkel punktet im Vergleich zu modernem Weizen mit doppelt so viel Eiweiß und Ballaststoffen. Zudem liefert die alte Weizenart reichlich Eisen, Zink und Magnesium. Chilischoten regen den Stoffwechsel und die Verdauung an und zügeln zugleich Appetit und Heißhunger. Auberginen punkten mit zellschützenden Antioxidantien.

DINKELSALAT MIT AUBERGINE UND ZIEGENFRISCHKÄSE

Kalorien
720

pro
Portion

ZUTATEN

100 g Dinkel

Salz

20 g Pinienkerne

1 Knoblauchzehe

1 kleine Aubergine
(ca. 300 g)

1 rote Zwiebel

1 kleine rote Chilischote

4 EL Olivenöl

2 EL gehackter Dill

1 EL Aceto balsamico
bianco

Pfeffer

100 g Ziegenfrischkäse

....

2 Personen
45 Minuten + über
Nacht einweichen

ZUBEREITUNG

Den Dinkel in einem Sieb unter fließendem Wasser waschen. In kaltem Wasser über Nacht einweichen, abgießen und abtropfen lassen. In etwa 400 ml Salzwasser 25–30 Minuten zugedeckt köcheln lassen. Dabei gelegentlich umrühren und bei Bedarf etwas Wasser nachgießen. Abgießen, abtropfen und abkühlen lassen.

Die Pinienkerne in einer Pfanne ohne Fett rösten. Die Knoblauchzehe schälen und mit einem Messerrücken fest andrücken. Die Aubergine putzen, waschen, in Scheiben schneiden und klein würfeln. Die Zwiebel schälen und klein würfeln. Die Chilischote waschen, die Samen und weißen Trennwände entfernen und klein würfeln.

In einer beschichteten Pfanne 2 Esslöffel Öl erhitzen, den Knoblauch und die Chilischote kurz darin anschwitzen. Die Aubergine dazugeben und unter Rühren 6–8 Minuten anbraten.

Die Dinkelkörner mit Aubergine, Zwiebeln und Dill vermischen. Mit dem restlichen Olivenöl, Aceto balsamico bianco, Salz und Pfeffer abschmecken. Den Ziegenfrischkäse in Klecksen auf dem Salat verteilen und zum Schluss mit den Pinienkernen bestreuen.

Zum Mitnehmen den Salat in ein Gefäß füllen, den Ziegenfrischkäse und die Pinienkerne zuletzt daraufgeben.

LINSEN-BULGUR-TALER MIT SCHNITTLAUCHDIP

Kalorien
524
pro
Portion

ZUTATEN

100 g rote Linsen

Salz

50 g Bulgur

½ Zwiebel

1 kleine Knoblauchzehe

1 EL Olivenöl

1 TL Tomatenmark

1 Msp. gemahlener
Kreuzkümmel

1 Msp. gemahlener
Koriander

1 TL Paprikapulver

½ Zitrone

4 Stiele Koriandergrün

½ TL Harissapaste

Pfeffer

Für den Dip:

½ Bund Schnittlauch

150 g Joghurt (1,5 % Fett)

100 g Sauerrahm

½ Biozitrone

Salz, Pfeffer

Außerdem:

1 kleiner Romana-Salat

....

2 Personen (ca. 12 Taler)
35 Minuten

ZUBEREITUNG

Die Linsen in 200 ml leicht gesalzenem Wasser 10 Minuten köcheln lassen, bis sie weich sind. Abtropfen und auskühlen lassen. Den Bulgur in 100 ml leicht gesalzenem Wasser 15 Minuten köcheln lassen. Abtropfen und auskühlen lassen.

Die Zwiebel und die Knoblauchzehe schälen und fein hacken. In einem Topf das Öl erhitzen, Zwiebel und Knoblauch glasig anschwitzen. Tomatenmark, Kreuzkümmel, Koriander und Paprikapulver zugeben und kurz anrösten. Die Zitrone auspressen. Das Koriandergrün waschen, trocken schütteln und fein hacken.

Die Linsen und Bulgur mit der Zwiebelmischung verrühren und gut verkneten. Mit Koriander, Zitronensaft, Harissa, Salz und Pfeffer abschmecken.

Aus der Masse mit befeuchteten Händen 12 Bällchen formen und flach drücken.

Für den Dip den Schnittlauch waschen, trocken schütteln und in Röllchen schneiden. Den Joghurt mit dem Sauerrahm und dem Schnittlauch vermischen. Mit Zitronenabrieb, -saft, Salz und Pfeffer würzen.

Den Romana-Salat in einzelne Blätter teilen, waschen und trocken schütteln.

Die Linsentaler mit den Salatblättern und dem Schnittlauchdip servieren. Zum Mitnehmen den Schnittlauchdip extra verpacken und bis zum Servieren kühl stellen.

DINKELSPAGHETTI MIT KURKUMA-HÄHNCHEN-STREIFEN

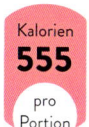

Kalorien
555
pro
Portion

ZUTATEN

2 Möhren

1 Knoblauchzehe

1 kleine Zwiebel

150 g Cocktailtomaten

100 g Baby-Blattspinat

10 Basilikumblätter

150 g Dinkelspaghetti

Salz

200 g Hähnchenbrust

2 EL Olivenöl

½ EL Kurkumapulver

Pfeffer

20 g geriebener Parmesan

Basilikum

....

2 Personen

25 Minuten

ZUBEREITUNG

Die Möhren schälen und grob raspeln. Die Knoblauchzehe und die Zwiebel schälen und fein hacken. Die Tomaten waschen und halbieren. Spinat und Basilikum waschen und trocken schütteln.

Die Spaghetti in reichlich Salzwasser nach Packungsangabe bissfest kochen. Abgießen, dabei das Nudelwasser auffangen und etwa 50 ml Wasser aufheben.

Die Hähnchenbrust in Streifen schneiden. In einer beschichteten Pfanne 1 Esslöffel Öl erhitzen und das Fleisch rundherum 3–4 Minuten anbraten. Das Kurkumapulver darüberstreuen und mit Salz und Pfeffer würzen. Das Fleisch herausnehmen.

In der Pfanne das restliche Öl erhitzen und Knoblauch, Zwiebel und Möhren anbraten. Nudelwasser dazugießen, die Tomaten dazugeben und 2–3 Minuten garen. Die Spaghetti und den Spinat unterheben. Mit Salz und Pfeffer abschmecken. Auf zwei Teller verteilen und mit den Kurkuma-Hähnchenstreifen belegen. Parmesan und Basilikum darüberstreuen.

BEAUTY-PLUS

Hautschutz mit Genussfaktor: Geflügel enthält wertvolles Zink, Eisen und Vitamin B12, das für schöne Haut und kräftige Nägel sorgt und das Haarwachstum unterstützt. Kurkuma liefert eine gute Portion Antioxidantien, die die Hautalterung reduzieren. Betakarotin aus Möhren schützt die Haut vor Sonnenschäden. Und Dinkelpasta kurbelt mit B-Vitaminen den Stoffwechsel an.

BUNTE GEMÜSESUPPE
MIT TOFU TO GO

Kalorien
516
pro
Portion

ZUTATEN

100 g Dinkel-Mie-Nudeln

½ Knoblauchzehe

1 cm Ingwer

1 gelbe Paprika

50 g Champignons

½ Pak Choi

2 Frühlingszwiebeln

4 Stiele Koriandergrün

100 g Räuchertofu

2 TL Sesamöl

4 EL helle Sojasoße

Salz

2 EL Sesam

....

2 Personen

15 Minuten

ZUBEREITUNG

Die Mie-Nudeln nach Packungsangabe mit kochendem Wasser übergießen und 5–7 Minuten ziehen lassen (sie sollten noch bissfest sein, da die Nudeln beim Servieren noch mal garen). Abgießen und abtropfen lassen.

Die Knoblauchzehe und den Ingwer schälen und fein hacken. Paprika waschen, Samen und weiße Trennwände entfernen und in Streifen schneiden. Pilze putzen und in Streifen schneiden. Pak Choi putzen, waschen und trocken schütteln. Die Blätter in Streifen schneiden. Frühlingszwiebeln putzen, waschen und schräg in Streifen schneiden. Koriandergrün waschen, trocken schütteln und die Blättchen abzupfen. Räuchertofu klein würfeln.

Sesamöl, Sojasoße, Ingwer und Knoblauch verquirlen. Auf zwei hitzebeständige Schraubgläser (Inhalt ca. 500 ml) verteilen. Darauf die Mie-Nudeln, Räuchertofu, Pak Choi, Paprika, Pilze und Frühlingszwiebeln schichten. Das Gemüse salzen. Die Korianderblätter und den Sesam darüberstreuen.

Das Glas verschließen und bis zum Verzehr in den Kühlschrank stellen.

Jeweils 300–350 ml kochendes Wasser über die Zutaten in das Glas gießen. Umrühren und 2–4 Minuten ziehen lassen. Aus dem Glas löffeln.

WURZELCREMESUPPE MIT GEBRATENEN PILZEN UND SESAM

Kalorien
432
pro
Portion

ZUTATEN

1 Zwiebel

2 mittelgroße Möhren
(ca. 200 g)

250 g Petersilienwurzel

3 EL Olivenöl

400 ml Gemüsebrühe

100 g Sauerrahm

Salz

Pfeffer

Muskatnuss

100 g gemischte Pilze
(Champignons, Kräu-
terseitlinge, Shiitake,
etc.)

4 Stiele Petersilie

20 g Sesam

....

2 Personen

25 Minuten

ZUBEREITUNG

Die Zwiebel schälen und fein hacken. Die Möhren und die Petersilienwurzel schälen und grob würfeln.

In einem Topf 2 Esslöffel Olivenöl erhitzen und die Zwiebel glasig andünsten. Das Wurzelgemüse dazugeben und kurz anbraten. Mit der Gemüsebrühe aufgießen, die Suppe aufkochen und bei kleiner Hitze zugedeckt 12–14 Minuten köcheln lassen.

Die Suppe mit einem Stabmixer pürieren. Den Sauerrahm unterrühren und mit Salz, Pfeffer und Muskat abschmecken.

Inzwischen die Pilze putzen und in Scheiben schneiden. Die Petersilie waschen, trocken schütteln und klein hacken. In einer beschichteten Pfanne ohne Fett den Sesam rösten. Herausnehmen und beiseitestellen.

Das restliche Öl erhitzen und die Pilze darin kräftig anbraten. Mit Salz und Pfeffer würzen.

Die Suppe mit den gebratenen Pilzen anrichten. Mit Petersilie und Sesam bestreut servieren.

BEAUTY-PLUS

Eine kräftigende Suppe mit Beauty-Kick: Die Powerkombi Möhren und Petersilienwurzel kurbelt die Verdauung an. Pilze sind prima Eiweißlieferanten, die Mischung verschiedener Sorten verbessert die Versorgung mit Vitalstoffen. Sesam liefert reichlich Vitamin E und frischt das Hautbild auf.

KÜRBISSUPPE MIT GRÜN-KOHL UND KICHERERBSEN

Kalorien
344
pro
Portion

ZUTATEN

1 Zwiebel

1 Knoblauchzehe

300 g Hokkaido-Kürbis

2 EL Rapsöl

½ TL gemahlener Koriander

½ TL Kurkumapulver

500 ml Gemüsebrühe

100 g Kichererbsen

100 g junger Grünkohl

1 TL getrockneter Oregano

Abrieb von 1 unbehandelten Zitrone

Salz

Pfeffer

....

2 Personen
20 Minuten

ZUBEREITUNG

Die Zwiebel und die Knoblauchzehe schälen und fein hacken. Den Kürbis waschen, entkernen und grob zerkleinern.

Das Öl in einem großen Topf erhitzen, Zwiebel und Knoblauch glasig anschwitzen. Den Kürbis, gemahlenen Koriander und Kurkumapulver dazugeben und kurz anbraten. Gemüsebrühe aufgießen und alles bei schwacher Hitze etwa 10 Minuten köcheln lassen, bis das Gemüse weich ist.

Inzwischen die Kichererbsen abspülen und abtropfen lassen. Den Grünkohl waschen und die Blätter vom Strunk abstreifen. Den Grünkohl in Streifen schneiden.

Die Suppe mit dem Stabmixer fein pürieren. Mit Oregano, Zitronenabrieb, Salz und Pfeffer abschmecken. Den Grünkohl und die Kichererbsen hinzugeben und die Suppe nochmals aufkochen. Ggf. noch einmal abschmecken. Die Suppe auf Teller verteilen.

BEAUTY-PLUS

Leicht verdauliche Suppe: Fitmacher Kürbis hält schlank und strotzt mit farbenprächtigen Karotinoiden, die gut für Augen, Haut und Abwehrkräfte sind. Der hohe Ballaststoffgehalt von Superfood Grünkohl macht kalorienarm satt, kurbelt die Verdauung an und hält den Blutzuckerspiegel im Lot. Kichererbsen punkten mit hochwertigem Eiweiß und Rapsöl liefert viel Vitamin E für die Haut.

BUNTES OFENGEMÜSE MIT LACHS IN HANFSAMEN-KRUSTE

Kalorien
447
pro
Portion

ZUTATEN

1 Zucchini

1 Knolle Fenchel

150 g Kirschtomaten

1 Knoblauchzehe

1 EL Tomatenmark

2 EL Olivenöl

Salz

Pfeffer

1 TL getrockneter Oregano

2 Lachsfilets (je ca. 150 g, ohne Haut)

20 g geschälte Hanfsamen

Außerdem:

1 Auflaufform

....

2 Personen

50 Minuten

ZUBEREITUNG

Den Backofen auf 200 °C (Ober-/Unterhitze) vorheizen.

Die Zucchini waschen und in Scheiben schneiden. Den Fenchel putzen, waschen und in dünne Spalten schneiden. Das Fenchelgrün grob hacken und beiseitelegen. Die Tomaten halbieren. Die Zwiebel schälen und in Spalten schneiden. Die Knoblauchzehe schälen und fein hacken.

Zucchini, Fenchel, Tomaten und Zwiebel in einer Auflaufform verteilen. Knoblauch mit Tomatenmark, Olivenöl und 50 ml Wasser verquirlen. Mit Salz, Pfeffer und Oregano würzen. Die Mischung über dem Gemüse verteilen und im Backofen auf der mittleren Schiene 12–14 Minuten backen.

Inzwischen den Lachs abspülen und abtropfen. Mit Salz und Pfeffer würzen. Die Hanfsamen auf einem Teller verteilen und das Lachsfilet darin wenden, Hanfsamen gut andrücken. Den Lachs auf das Gemüse legen und weitere 15–18 Minuten im Ofen garen.

BEAUTY-PLUS

Anti-Aging-Food aus dem Ofen: Die bunte Gemüsefülle liefert dem Körper vielseitige Vitalstoffe. Lachs und Hanfsamen sorgen für Omega-3-Fettsäuren im Doppelpack – die Haut bleibt damit länger faltenfrei, glatt und geschmeidiger.

QUINOAPFANNE MIT EDAMAME UND SPROSSEN

Kalorien
377
pro
Portion

ZUTATEN

120 g Quinoa

1 Knoblauchzehe

1 rote Chilischote

2 Frühlingszwiebeln

2 mittelgroße Möhren

100 g Edamame (TK oder aus der Dose)

1 EL Olivenöl

½ TL gemahlener Kreuzkümmel

Salz

Pfeffer

50 g gemischte Sprossen (z. B. Alfalfa, Linsen, Rettich)

....

2 Personen
30 Minuten

ZUBEREITUNG

Die Quinoa in einem Sieb unter fließendem heißem Wasser waschen und abtropfen lassen.

Die Knoblauchzehe schälen und fein hacken. Die Chilischote waschen, putzen und fein hacken. Die Frühlingszwiebel waschen, putzen und schräg in feine Ringe schneiden. Die Möhren schälen und in feine Scheiben schneiden. Die Edamame ggf. auftauen lassen oder abspülen und abtropfen lassen.

In einem Topf das Öl erhitzen und den Knoblauch anschwitzen. Chilischote, Frühlingszwiebel und Möhren dazugeben. Mit Kreuzkümmel würzen und unter Rühren 3–4 Minuten anbraten. Die Quinoa zugeben. Mit 300 ml Wasser aufgießen und bei schwacher Hitze 20 Minuten köcheln lassen. Dabei gelegentlich umrühren.

Die Edamame hinzugeben und zugedeckt 5 Minuten ausquellen lassen. Mit Salz und Pfeffer abschmecken. Die Sprossen darüberstreuen und servieren.

BEAUTY-PLUS

Genussvoll schlank & schön: Sprossen sind kleine Energieriesen, die eine geballte Ladung an Enzymen und Vitalstoffen für die Regeneration von Haut- und Körperzellen liefern. Die eiweiß- und ballaststoffreiche Quinoa enthält alle Aminosäuren, die der Körper benötigt. Das sorgt für gesunde Haut, Haare und Nägel. Edamame – grüne noch unreife Sojabohnen – sind eiweiß- und ballaststoffreich, damit halten sie den Blutzuckerspiegel konstant und machen lange satt.

ASIA-GEMÜSE MIT MIE-NUDELN

Kalorien
559
pro
Portion

ZUTATEN

100 g Dinkel-Mie-
Nudeln (aus dem
Biomarkt)

2 EL Sesam

1 kleine Zwiebel

1 Knoblauchzehe

1 Stück Ingwer (2 cm
lang)

½ Pak Choi (ca. 200 g)

1 Möhre

1 rote Paprika

½ Bund Koriandergrün

200 g Rindfleisch (z. B.
Lende zum Kurzbraten)

2 EL Sesamöl

4–6 EL Sojasoße

....

2 Personen
25 Minuten

ZUBEREITUNG

Die Mie-Nudeln in eine Schüssel geben und mit kochendem Wasser übergießen. Nach Packungsangabe etwa 7–9 Minuten ziehen lassen. Abgießen und abtropfen lassen.

Den Sesam in einer Pfanne ohne Fett rösten. Die Zwiebel, die Knoblauchzehe und den Ingwer schälen und fein hacken. Den Pak Choi vom dicken Strunk befreien und in feine Streifen schneiden. Die Möhre schälen und in Stifte schneiden. Die Paprika putzen, waschen und in feine Streifen schneiden. Das Koriandergrün waschen, trocken schütteln und fein hacken. Das Rindfleisch trocken tupfen und in dünne Streifen schneiden.

In einem Wok oder in einer beschichteten Pfanne 1 EL Sesamöl erhitzen und das Fleisch unter Rühren kurz anbraten, mit 1–2 EL Sojasoße ablöschen und kurz weiterbraten. Aus dem Wok nehmen. Das gebratene Fleisch mit dem Sesam vermischen und beiseitestellen.

Restliches Öl im Wok erhitzen, Zwiebel, Knoblauch und Ingwer anschwitzen. Möhren und Paprika dazugeben und unter Rühren 2 Minuten braten. Den Pak Choi hinzufügen und weitere 2–3 Minuten braten. Mit restlicher Sojasoße abschmecken. Das Rindfleisch und die Mie-Nudeln unterrühren und kurz erhitzen. Vorsichtig mit Salz abschmecken. Mit dem Koriander bestreuen und servieren.

KABELJAU MIT FENCHEL UND OLIVEN AUS DEM PERGAMENTPAPIER

Kalorien
310
pro
Portion

ZUTATEN

2 Kabeljaufilets
(je ca. 200 g)

1 Knolle Fenchel

100 g Baby-Blattspinat

150 g Kirschtomaten

2 EL Olivenöl

50 g grüne Oliven
(entsteint)

Salz

Pfeffer

Saft von ½ Zitrone

Außerdem:

Backpapier

Küchengarn

....

2 Personen
40 Minuten

ZUBEREITUNG

Den Backofen auf 180 °C vorheizen. Die Fischfilets waschen und trocken tupfen. Den Fenchel waschen und das Grün abschneiden. Fenchelgrün klein hacken und beiseitelegen. Die Knolle halbieren, den Strunk entfernen und in dünne Scheiben schneiden oder hobeln. Den Spinat waschen, verlesen und trocken schütteln. Die Tomaten waschen und halbieren.

Zwei große Rechtecke (ca. 38 × 48 cm) aus Backpapier zuschneiden und mit je 1 Esslöffel Olivenöl bepinseln. Den Spinat in der Mitte verteilen und das Kabeljaufilet darauflegen. Mit dem Fenchel und den Tomaten belegen. Mit den Oliven und dem Fenchelgrün bestreuen. Mit Salz und Pfeffer würzen und mit dem Zitronensaft beträufeln.

Die Päckchen gut verschließen. Dazu die Längsseiten mittig zusammenschlagen, die Ränder ineinanderfalten und mehrere Male umknicken. Dann die schmalen Seiten einige Male umknicken. Mit einem Küchengarn fixieren.

Die Fischpäckchen auf das Backblech legen und im Backofen auf der mittleren Schiene etwa 18 Minuten backen. Herausnehmen und sofort servieren. Dazu passt Basmati-Naturreis.

BEAUTY-PLUS

Gesund verpackte Schönheit: Fenchel vertreibt mit seinen ätherischen Ölen den Heißhunger auf Süßes. Oliven schützen mit Antioxidantien und Vitamin E effektiv die Zellen vor freien Radikalen und sorgen so für schöne, glatte Haut. Spinat liefert die augenschützenden Karotinoide Lutein und Zeaxanthin.

TIPP

Vegetarier und Veganer tauschen das Hähnchen durch Räuchertofu, der mit seinen Vitalstoffen ebenfalls Haut und Haaren schmeichelt.

HÄHNCHEN-KOKOS-CURRY

Kalorien
449
pro
Portion

ZUTATEN

1 Stück Ingwer (2 cm lang)

1 Zwiebel

1 Knoblauchzehe

250 g Hokkaido-Kürbis

½ Brokkoli

250 g Hähnchenfilet

2 EL Kokosöl

1 TL Currypulver

1 TL Kurkumapulver

400 g leichte Kokosmilch

Salz

Pfeffer

½ Bund Koriandergrün

....

2 Personen
30 Minuten

ZUBEREITUNG

Den Ingwer, die Zwiebel und die Knoblauchzehe schälen und fein hacken. Den Kürbis waschen, entkernen und klein würfeln. Den Brokkoli putzen, waschen und in Röschen teilen. Das Hähnchen klein schneiden.

In einem großen Topf das Öl erhitzen und Knoblauch, Zwiebel und Ingwer glasig anschwitzen. Das Fleisch dazugeben und rundherum anbraten. Das Curry- und das Kurkumapulver darüberstreuen und den Kürbis kurz anbraten. Mit der Kokosmilch aufgießen. Aufkochen und zugedeckt bei mittlerer Hitze 15 Minuten köcheln lassen, salzen und pfeffern. Den Brokkoli hinzufügen und weitere 5 Minuten köcheln lassen. Das Curry nochmals abschmecken. Das Koriandergrün waschen, trocken schütteln und fein hacken, das Curry damit bestreuen und servieren.

BEAUTY-PLUS

Ein wärmendes Curry, das das Wohlbefinden fördert und Energie schenkt. Geflügel enthält wertvolles Zink, Eisen und Vitamin B12, das für schöne Haut und kräftige Nägel sorgt und das Haarwachstum unterstützt. Ingwer und Kurkuma stärken die Abwehrkräfte. Karotinoide im Kürbis wirken als effektive Radikalfänger.

RINDFLEISCHSPIESSE MIT BROKKOLI-ERBSEN-STAMPF

Kalorien
601
pro
Portion

ZUTATEN

Für die Spieße:

2 Rindersteaks
(je ca. 150 g)

Salz

Pfeffer

2 EL Olivenöl

Für den Stampf:

½ Brokkoli (ca. 200 g)

Salz

250 g tiefgefrorene
Erbsen

120 ml Buttermilch

2 EL Butter

Pfeffer

Muskatnuss

½ Bund Petersilie

Außerdem:

4 Spieße

·····························

2 Personen
25 Minuten

ZUBEREITUNG

Für die Spieße die Rindersteaks in jeweils 8 gleich große Würfel schneiden. Auf vier Holzspieße stecken.

Für den Stampf den Brokkoli waschen, putzen und in kleine Röschen teilen. Reichlich Salzwasser zum Kochen bringen. Den Brokkoli und die Erbsen etwa 5 Minuten blanchieren, abgießen und abtropfen lassen.

Die Buttermilch erhitzen. Über das Gemüse gießen und alles mit dem Stabmixer grob pürieren. Die Butter unterrühren. Mit Salz, Pfeffer und Muskatnuss abschmecken.

Das Fleisch mit Salz und Pfeffer würzen. In einer beschichteten Pfanne das Olivenöl erhitzen und die Spieße rundherum 6–8 Minuten anbraten.

Die Petersilie waschen, trocken schütteln und fein hacken. Je zwei Spieße mit dem Brokkoli-Erbsen-Stampf auf einen Teller geben und mit Petersilie bestreut servieren.

BEAUTY-PLUS

Figur in Balance: Rindfleisch versorgt den Körper neben wertvollem Eiweiß mit einer Extraportion Zink, das stärkt Haut, Haare und Nägel. Der Gemüsestampf ist kohlenhydratarm und ein Figurschmeichler. Kalorienarmes Gemüse sorgt mit vielen Ballaststoffen für lange Sättigung. Beauty-Booster Brokkoli fungiert mit seinen Bioaktivstoffen als Zellschützer.

BEAUTY-PLUS

Ein erfrischender Beauty-Sommergenuss: Rohes Obst und Gemüse sorgen für top Vitalstoffe. Jungbrunnen Avocado liefert Vitamin E, das die Hautregeneration anregt. Kräuter und Paprika trumpfen mit hautstraffendem Vitamin C auf, das für frisches Aussehen sorgt. Mango trägt mit ihren Karotinoiden dazu bei, dass die Haut glatt bleibt.

SOMMERROLLEN MIT MANGO UND AVOCADO

ZUTATEN

100 g Glasnudeln

½ Mango

½ Salatgurke

2 rote Paprika

1 Avocado

½ Zitrone

½ Bund Minze

½ Bund Koriandergrün

12 Blatt rundes Reis-
papier (22 cm Ø; Asia-
laden)

2–3 EL Sesam

Für den Dip:

1 Limette

1 kleine rote Chilischote

1 Stück Ingwer (2 cm
lang)

1 EL Reisessig

1 EL Agavendicksaft

2–3 EL Sojasoße

....

3 Personen
(12 Rollen)
30 Minuten

ZUBEREITUNG

Die Glasnudeln in reichlich heißem Wasser etwa 15 Minuten einweichen. Abseihen, abschrecken, abtropfen lassen und nach Belieben mithilfe einer Schere klein schneiden.

Die Mango schälen, das Fruchtfleisch vom Kern schneiden und in dünne Streifen schneiden. Die Gurke waschen und in dünne Stifte schneiden. Die Paprika waschen, halbieren, Samen und weiße Trennwände entfernen. Die Paprika in Streifen schneiden. Die Avocado halbieren und den Kern entfernen. Fruchtfleisch mithilfe eines Löffels herauslösen und in Streifen schneiden. Die Zitrone auspressen und Avocado damit beträufeln. Die Kräuter waschen, trocken schütteln und Blätter von den Stielen zupfen.

Für den Dip die Limette halbieren und auspressen. Die Chilischote waschen, halbieren, Samen und weiße Trennwände entfernen. Die Chilischote klein hacken. Den Ingwer schälen und fein hacken. Limettensaft, gehackte Chilischote, Ingwer, Reisessig und Agavendicksaft gut verrühren. Vorsichtig mit Sojasoße abschmecken.

Einen tiefen Teller mit Wasser füllen und ein feuchtes Geschirrtuch auf der Arbeitsfläche ausbreiten. 1 Blatt Reispapier in Wasser tunken und auf das Geschirrtuch legen. In die Mitte des Blattes horizontal Paprika-, Gurken-, Mango- und Avocadostreifen darauf verteilen. Minze- und Korianderblätter darauflegen. Mit Sesam bestreuen. Den unteren und die seitlichen Ränder des Reispapiers über die Füllung schlagen und alles sehr eng aufrollen.

Die Sommerrollen mit dem Dip servieren.

BEAUTY-PLUS

Aromatisch im Ofen geschmortes Gemüse ist kalorienarm. Dazu liefert Quinoa satt machende Kohlenhydrate
und hochwertiges Beauty-Eiweiß. Wertvolles Fischöl aus
dem Zander hat eine hohe Herzschutzfunktion und
sorgt für geschmeidige Haut.

ZANDERFILET MIT WURZELGEMÜSE AUF QUINOA

Kalorien
765
pro Portion

ZUTATEN

100 g bunte Quinoa

200 ml Gemüsebrühe

20 g Pinienkerne

2 Rote Beten

2 Pastinaken

1 Apfel

2 EL Olivenöl

1 EL Ahornsirup

Salz

Pfeffer

4 Stiele Petersilie

2 Zanderfilets mit Haut (à 150 g)

....

2 Personen

45 Minuten

ZUBEREITUNG

Die Quinoa in einem feinen Sieb unter fließendem heißem Wasser gründlich waschen. Mit der Gemüsebrühe in einen Topf geben und aufkochen. Bei schwacher Hitze etwa 15 Minuten köcheln lassen, dabei gelegentlich umrühren. Vom Herd ziehen und zugedeckt 5 Minuten ausquellen lassen.

Inzwischen die Pinienkerne in einer Pfanne ohne Fett rösten. Den Backofen auf 180 °C vorheizen. Ein Backblech mit Backpapier auslegen.

Die Rote Beten und Pastinaken schälen und längs in Spalten schneiden. Den Apfel waschen, halbieren, das Kerngehäuse entfernen und ebenfalls in Spalten schneiden. Alles auf dem Backpapier verteilen und mit 1 Esslöffel Olivenöl und Ahornsirup beträufeln. Mit Salz und Pfeffer würzen. Im Backofen auf der mittleren Schiene 20 Minuten backen.

Die Petersilie waschen, trocken schütteln und fein hacken. Den Zander waschen und trocken tupfen. Die Hautseite quer einschneiden. In einer beschichteten Pfanne das restliche Öl erhitzen. Die Filets mit der Hautseite nach unten in die Pfanne legen und 5–6 Minuten knusprig braten. Umdrehen und in 4–5 Minuten fertig braten. Mit Salz und Pfeffer abschmecken.

Die Quinoa vorsichtig mit dem Röstgemüse vermischen, nochmals mit Salz und Pfeffer abschmecken. Die Pinienkerne und Petersilie darüberstreuen und mit dem Zanderfilet servieren.

TIPP

Für eine vegane Variante den Sauerrahm durch Sojajoghurt ersetzen.

GRÜNKERN-CHILI MIT BROKKOLI

Kalorien
661
pro
Portion

ZUTATEN

1 kleine Zwiebel

1 Knoblauchzehe

1 rote Chilischote

2 EL Rapsöl

1 EL Tomatenmark

1 TL Paprikapulver

50 g geschroteter Grünkern

250 ml Gemüsebrühe

200 g passierte Tomaten

1 Prise Zucker

Salz

Pfeffer

½ Brokkoli (ca. 200 g)

100 g Kichererbsen

100 g Sauerrahm

1 Vollkornbaguette

....

2 Personen
45 Minuten

ZUBEREITUNG

Die Zwiebel und die Knoblauchzehe schälen und fein hacken. Die Chilischote waschen, Samen und weiße Trennwände entfernen und fein hacken.

Das Öl in einem großen Topf erhitzen, Zwiebel, Knoblauch und Chilischote anschwitzen. Tomatenmark, Paprikapulver und Grünkern zugeben und kurz anrösten. Die Gemüsebrühe aufgießen und die Tomatenstücke dazugeben. Mit Zucker, Salz und Pfeffer würzen und 30 Minuten bei kleiner Hitze zugedeckt köcheln lassen, dabei gelegentlich umrühren. Bei Bedarf noch etwas Wasser hinzufügen.

Inzwischen den Brokkoli putzen, waschen und in kleine Röschen teilen. In Salzwasser in etwa 5 Minuten bissfest garen. Abgießen und abschrecken. Die Kichererbsen abspülen und abtropfen lassen.

Brokkoli und Kichererbsen zum Chili geben und weitere 5 Minuten köcheln lassen. Nochmals abschmecken. Mit 1 Klecks Sauerrahm und Vollkornbaguette servieren.

BEAUTY-PLUS

Echtes Wohlfühlessen mit gesunden Zutaten, die nachhaltig Energie spenden. Langsam verdauliche Kohlenhydrate aus Grünkern, Brokkoli und Kichererbsen machen lange satt, liefern kaum Fett, dafür hochwertiges Eiweiß. Eine gute Grundlage für gesunde Haare, Haut und Nägel.

ZOODLES – ZUCCHINI-SPAGHETTI MIT TOMATEN UND AVOCADO

Kalorien
440
pro
Portion

ZUTATEN

2 große Zucchini
(ca. 500 g)

Salz

1 Knoblauchzehe

200 g Kirschtomaten

80 g getrocknete Soft-
tomaten

1 Avocado

1 EL Zitronensaft

4 Stiele Basilikum

2 EL Olivenöl

Pfeffer

Chiliflocken

40 g frisch geriebener
Parmesan

....

2 Personen
20 Minuten

ZUBEREITUNG

Die Zucchini waschen, die Enden abschneiden, halbieren und mit dem Spiralschneider in dünne Spaghetti schneiden. Zwischendurch die Nudeln kürzen. Die Zucchininudeln salzen und beiseitestellen. Wer keinen Spiralschneider besitzt, schält die Zucchini mit dem Sparschäler in dünne Scheiben und schneidet sie mit dem Messer in dünne Streifen.

Den Knoblauch schälen und fein hacken. Die Kirschtomaten vierteln. Die getrockneten Tomaten klein schneiden. Die Avocado halbieren, den Kern entfernen und das Fruchtfleisch mithilfe eines Löffels herauslösen. Die Avocado klein würfeln. Mit Zitronensaft beträufeln. Das Basilikum waschen, trocken schütteln und die Blätter abzupfen.

Die Zucchininudeln unter fließendem kaltem Wasser abspülen, gut abtropfen lassen und mit Küchenpapier gründlich trocken tupfen. In einer beschichteten Pfanne das Olivenöl erhitzen und den Knoblauch anschwitzen. Die Zucchininudeln dazugeben und vorsichtig unter Rühren etwa 2 Minuten anbraten. Die getrockneten und frischen Tomaten hinzugeben, mit Salz, Pfeffer und Chiliflocken abschmecken. Die Zoodles auf Tellern anrichten, mit Avocado, Basilikum und Parmesan bestreuen und sofort servieren.

BEAUTY-PLUS

Zoodles sind gesund und kohlenhydratarm. Tomaten liefern den roten Farbstoff Lykopin, ein effektiver Radikalfänger, der als Barriere gegen schädigende UV-Strahlung fungiert und so frühzeitige Faltenbildung mindert. Avocado ist reich an den Vitaminen A und E, die für eine strahlende Haut sorgen.

HIRSOTTO MIT GELBER BETE UND GRÜNKOHL

Kalorien
607
pro
Portion

ZUTATEN

2 EL Kürbiskerne

125 g Hirse

1 kleine Zwiebel

1 Knoblauchzehe

300 g Gelbe Bete (ersatzweise Rote Bete)

100 g Grünkohl (ersatzweise Mangold oder Spinat)

2 EL Olivenöl

300 ml Gemüsebrühe

20 g frisch geriebener Parmesan

Salz

Pfeffer

....

2 Personen
30 Minuten

ZUBEREITUNG

Die Kürbiskerne in einer Pfanne ohne Fett kurz anrösten.

Die Hirse in einem feinen Sieb unter fließendem heißem Wasser gründlich waschen.

Die Zwiebel und die Knoblauchzehe schälen und fein hacken. Die Gelbe Bete schälen und in etwa 1 cm große Würfel schneiden (Einmalhandschuhe tragen, da die Bete abfärbt). Den Grünkohl waschen, trocken schütteln, vom dicken Strunk befreien und in feine Streifen schneiden.

In einem großen Topf das Olivenöl erhitzen und die Zwiebel und den Knoblauch anschwitzen. Die Bete dazugeben und 3–4 Minuten anbraten. Die Hirse hinzufügen und mit der Gemüsebrühe aufgießen. Bei schwacher Hitze etwa 10 Minuten köcheln lassen, dabei gelegentlich umrühren. Nach Bedarf Wasser nachgießen. Den Topf vom Herd nehmen, den Grünkohl dazugeben, umrühren und 5 Minuten ziehen lassen. Den Parmesan unterrühren und mit Salz und Pfeffer abschmecken. Den Hirsotto auf Teller verteilen und mit Kürbiskernen bestreut servieren.

BEAUTY-PLUS

Beauty-Trio der Extraklasse: Superstar Hirse kräftigt mit viel Kieselsäure Haare und Nägel. Superfood Grünkohl trumpft mit reichlich Eisen auf, das für strahlendes Aussehen sorgt und Powergemüse Gelbe Bete ist ebenso reich an Vitamin A und B wie die roten Knollen – das fördert eine glatte, geschmeidige Haut und kurbelt den Stoffwechsel an.

BEAUTY-PLUS

Genussvoll schlank und schön schlemmen mit dem bunten Gemüsereis. Der Sesam-Tofu dazu ist ein wahrer Jungbrunnen und sattgrüner Brokkoli stärkt die Abwehrkräfte und strafft mit reichlich Vitamin C die Kontouren.

GEMÜSEREIS MIT SESAM-TOFU

Kalorien
460
pro
Portion

ZUTATEN

100 g Basmatireis

Salz

½ Brokkoli

1 cm Ingwer

1 kleine Zwiebel

½ rote Chilischote

1 Limette

1 kleiner Chicorée

20 g Cashewkerne

200 g Tofu

2 EL Sesam

2 EL Kokosöl

½ EL gemahlene Kurkuma

½ TL gemahlener Kreuzkümmel

½ TL gemahlener Koriander

20 g Rosinen

Pfeffer

4 Stiele Koriandergrün

....

2 Personen
35 Minuten

ZUBEREITUNG

Den Reis in 250 ml leicht gesalzenem Wasser aufkochen und zugedeckt 15 Minuten köcheln lassen, dabei gelegentlich umrühren. Vom Herd nehmen und 10 Minuten quellen lassen.

Den Brokkoli waschen und in kleine Röschen teilen. In Salzwasser etwa 5 Minuten bissfest garen. Brokkoli abgießen und abschrecken.

Den Ingwer und die Zwiebel schälen und fein hacken. Die Chilischote waschen, halbieren und Samen und weiße Trennwände entfernen. Die Chilischote fein hacken. Die Limette halbieren und auspressen. Den Chicorée putzen, waschen und in Streifen schneiden. Die Cashewkerne grob hacken.

Den Tofu in Würfel schneiden. Die Sesamsamen auf einem Teller verteilen und die Tofuwürfel darin wälzen.

In einem großen Topf 1 Esslöffel Kokosöl erhitzen und Zwiebel, Ingwer und Chilischote anschwitzen. Kurkuma, Kreuzkümmel und Koriander zufügen. Den Reis zugeben und kurz anbraten. Den Brokkoli, Chicorée und Rosinen zum Reis geben und 3–4 Minuten anbraten.

In einer beschichteten Pfanne das restliche Kokosöl erhitzen und die Tofuwürfel von allen Seiten 3–4 Minuten anbraten.

Den Gemüsereis mit Limettensaft, Salz und Pfeffer abschmecken. Den Koriander waschen, trocken schütteln und fein hacken und unter den Reis mischen.

Den Gemüsereis mit dem Sesam-Tofu servieren.

BEAUTY-PLUS

Die bunte Bowl liefert ein Potpourri aus gesunden Vital-stoffen. Blumenkohl ist mit seinen vielen Ballaststoffen ein kalorienarmer Sattmacher. Kichererbsen liefern hochwertiges Eiweiß für Haut, Haare und Nägel sowie den Schönmacher Biotin. Mangold ist reich an sättigen-den und verdauungsfördernden Ballaststoffen, die anti-oxidativen Karotinoide sorgen für Faltenmilderung und glatte Haut. Gojibeeren und Hanfsamen straffen die Haut zusätzlich.

BLUMENKOHL-„COUSCOUS"-BOWL MIT ROTKOHLSALAT

Kalorien
533
pro
Portion

ZUTATEN

½ Rotkohl

1 Orange

Salz

½ TL Zucker

½ Blumenkohl

1 Knoblauchzehe

200 g Mangold

100 g Champignons

40 g Cashewkerne

1 EL Olivenöl

1 EL Apfelessig

Pfeffer

1 EL geschälte
Hanfsamen

3 EL Erdnussöl

1 TL Kurkumapulver

1 EL Gojibeeren

....

2 Personen

45 Minuten

ZUBEREITUNG

Vom Rotkohl die äußeren Blätter entfernen. Den Kohl vierteln, dabei den Strunk entfernen und alles in sehr feine Streifen schneiden. Die Orange halbieren und auspressen. Das Kraut mit Orangensaft, Salz und Zucker vermischen, gut durchkneten und ziehen lassen.

Den Blumenkohl putzen, waschen und in Röschen teilen. Mit einer Küchenreibe fein raspeln.

Den Knoblauch schälen und fein hacken. Den Mangold putzen und waschen. Die Stiele am Blattansatz abschneiden und in kleine Würfel schneiden. Die Blätter halbieren und in etwa 1 cm feine Streifen schneiden. Die Pilze putzen und in Scheiben schneiden. Die Cashewkerne grob hacken.

Den Rotkohlsalat mit Olivenöl, Essig, Salz und Pfeffer abschmecken. Die Hanfsamen unterrühren.

In einer beschichteten Pfanne 2 EL Erdnussöl erhitzen, den Knoblauch und die Mangoldstiele etwa 5–6 Minuten dünsten. Dann die Mangoldblätter und die Pilze dazugeben und weitere 6 Minuten dünsten. Mit Salz und Pfeffer würzen. Aus der Pfanne nehmen und warm halten. In der Pfanne das restliche Erdnussöl erhitzen. Blumenkohl und Kurkumapulver dazugeben und unter Rühren 3–4 Minuten anbraten. Die Gojibeeren unterrühren und mit Salz und Pfeffer abschmecken.

Den Blumenkohl-Couscous mit dem Mangoldgemüse und dem Rotkohlsalat in einer Schale anrichten. Die Cashewkerne und, nach Geschmack, die gerösteten Kichererbsen von Seite 137 darüberstreuen und servieren.

GERÖSTETE KICHERERBSEN

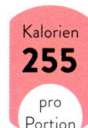

ZUTATEN

150 g gegarte
Kichererbsen

2 EL Olivenöl

½ TL Paprikapulver

½ TL gemahlener
Kreuzkümmel

½ TL gemahlener
Koriander

Salz

Chiliflocken
(nach Belieben)

....

2 Personen
25 Minuten

ZUBEREITUNG

Die Kichererbsen abspülen und abtropfen lassen. Mit einem Küchentuch trocken reiben und ggf. die Häutchen entfernen.

Den Backofen auf 200 °C vorheizen. Ein Backblech mit Backpapier auslegen.

Die Kichererbsen mit Olivenöl, Paprikapulver, Kreuzkümmel, Koriander und Salz würzen. Nach Belieben mit Chiliflocken bestreuen und auf dem Backpapier verteilen. Auf der mittleren Schiene etwa 20 Minuten backen, bis sie knusprig sind.

CURRY-SÜSSKARTOFFEL-SUPPE MIT SEIDENTOFU

Kalorien
410
pro
Portion

ZUTATEN

400 g Hokkaido-Kürbis

1 mittelgroße Süß-
kartoffel (ca. 200 g)

100 g Champignons

1 Stück Ingwer (2 cm
lang)

1 Knoblauchzehe

3 Frühlingszwiebeln

1 EL Kokosöl

1 TL Currypulver

1 TL Kurkumapulver

Salz

Pfeffer

200 g Seidentofu

½ Bund Koriandergrün

....

2 Personen
25 Minuten

ZUBEREITUNG

Den Kürbis waschen und entkernen. Die Süßkartoffel schälen. Alles in 2 cm dicke Würfel schneiden. Die Pilze säubern und in Scheiben schneiden. Ingwer und Knoblauch schälen und fein hacken. Die Frühlingszwiebeln putzen, waschen und schräg in Ringe schneiden.

In einem Topf das Kokosöl erhitzen, Knoblauch und Ingwer darin anbraten. Kürbis und Süßkartoffel dazugeben und anbraten. Curry- und Kurkumapulver darüberstreuen und mit 800 ml Wasser aufgießen. Mit Salz und Pfeffer würzen. Zugedeckt bei schwacher Hitze 12–15 Minuten köcheln lassen.

Inzwischen den Seidentofu klein würfeln. Das Koriandergrün waschen, trocken schütteln und fein hacken.

Pilze, Frühlingszwiebeln und Tofu zur Suppe geben und weitere 3–4 Minuten köcheln lassen. Nochmals abschmecken. Mit Koriander bestreut servieren.

Dazu passt ein Vollkornbrot.

BEAUTY-PLUS

Eine aromareiche Suppe mit dem Anti-Aging-Star Soja. Die enthaltenen Isoflavone wirken verjüngend. Tofu überzeugt obendrein mit reichlich pflanzlichem Eiweiß, das in Kombination mit Getreide – Vollkornbaguette – besonders hochwertig ist. Zugleich hat Tofu wenig Fett, das aber vorwiegend aus mehrfach ungesättigten Fettsäuren besteht. Reichlich B-Vitamine kurbeln den Stoffwechsel an. Kurkuma wirkt als effektiver Radikalfänger.

MATCHA-LATTE

Kalorien
152
pro
Portion

ZUTATEN

2 TL Matcha (grünes
Teepulver)

500 ml Sojadrink

1–2 TL Agavendicksaft

....

2 Personen
(ca. 500 ml)
10 Minuten

Hinweis: Rezeptbild
siehe Seite 142.

ZUBEREITUNG

Den Matcha und 50 ml heißes Wasser mit dem Stabmixer
glatt mixen.

Den Sojadrink erwärmen und aufschäumen. Den Schaum ab-
schöpfen und beiseitestellen.

Matcha mit dem Sojadrink vermischen und in zwei Gläser
füllen. Den Schaum daraufsetzen und sofort servieren. Nach
Belieben süßen.

BEAUTY-PLUS

Die beste Kaffeealternative, die für mehr Energie und
Konzentration sorgt. Durch seinen Koffeingehalt ist
Matcha ein prima Muntermacher, der trotzdem gut verträglich ist. Zudem liefert Matcha eine Extraportion an
zellschützenden Antioxidantien und beschleunigt sogar
den Fettstoffwechsel. Anti-Aging-Star Soja sorgt für
straffe Haut.

MANGOBUTTERMILCH
MIT HAFERFLOCKEN

Kalorien
185
pro
Portion

ZUTATEN

1 reife Mango

400 ml Buttermilch

½ TL gemahlene
Vanille

2 EL zarte Haferflocken

....

2 Personen
(ca. 500 ml)
10 Minuten

ZUBEREITUNG

Die Mango schälen, das Fruchtfleisch vom Kern befreien und grob würfeln. Alle Zutaten im Mixer oder mit dem Stabmixer pürieren. Auf zwei Gläser aufteilen und servieren.

Zum Mitnehmen in zwei geeignete Gefäße füllen und bis zum Servieren kühl stellen.

BEAUTY-PLUS

Frische Zellen dank Haferflocken. Mit einer guten Portion Biotin unterstützen die Flocken den Feuchtigkeitshaushalt und die Zellerneuerung von Haut, Haaren und Nägeln. Mango trägt mit seinen Karotinoiden dazu bei, dass die Haut geschmeidig bleibt. Buttermilch ist fettarm und glänzt mit B-Vitaminen, die den Stoffwechsel ankurbeln.

GOLDENE MILCH

ZUTATEN

1 Stück Ingwer (1 cm
lang)

2 TL Kurkumapulver

500 ml Milch (1,5 % Fett,
ersatzweise Pflanzen-
drink)

1 Prise frisch gemahle-
ner Pfeffer

1 TL Kokosöl

1 TL Honig

....

2 Personen
10 Minuten

ZUBEREITUNG

Den Ingwer schälen und fein hacken. Ingwer, Kurkumapulver,
Milch, Pfeffer und Kokosöl in einen Topf geben und erhitzen.
2–3 Minuten köcheln lassen. Nach Belieben aufschäumen
und mit Honig süßen. In zwei Gläser füllen, den Schaum daraufsetzen und servieren.

BEAUTY-PLUS

Schönheitselixier: Das Superfood Kurkuma ist vollgepackt mit Vitalstoffen, die die Zellerneuerung anregen.
Reichlich Antioxidantien wirken als effektiver Radikalfänger, die vor schädigender UV-Strahlung schützen
und eine frühzeitige Faltenbildung mindern. Der im
Pfeffer enthaltene Scharfstoff Piperin erhöht die Bioverfügbarkeit von Kurkuma.

TIPP

Die Kekse einzeln einfrieren und bei Bedarf auftauen. Anstatt Zucchini kann man auch geraspelte Möhren verwenden.

ZUCCHINI-HAFER-KEKSE

Kalorien
191
pro
Keks

ZUTATEN

100 g Zucchini

70 g Rohrohrzucker

100 ml Rapsöl

1 Ei

1 TL gemahlene Vanille

½ TL Natron

Salz

100 g Dinkelmehl
(Type 630)

40 g Walnusskerne

80 g zarte Haferflocken

40 g Gojibeeren

....

für 12 Kekse

30 Minuten

ZUBEREITUNG

Den Backofen auf 175 °C vorheizen. Ein Backblech mit Backpapier auslegen. Die Zucchini schälen, fein raspeln und die Flüssigkeit gut ausdrücken.

In einer Schüssel den Zucker und das Öl verrühren. Das Ei unterrühren. Vanille, Natron, Salz und Dinkelmehl hinzufügen und alles verrühren. Die Walnusskerne grob hacken und mit den Haferflocken und Gojibeeren unter den Teig heben. Je 1 gehäuften Esslöffel auf dem Backpapier verteilen und im Backofen auf der mittleren Schiene in 12–14 Minuten goldbraun backen.

Auf einem Kuchengitter abkühlen lassen.

BEAUTY-PLUS

Für den besonderen Energiekick an anstrengenden Tagen: Superstar Hafer sorgt für glänzende Haare und strahlendes Aussehen. Gojibeeren sind mit ihrem Mix aus Antioxidantien, Vitamin C und Zink ein prima Beauty-Booster. Walnüsse punkten mit hochwertigen Fettsäuren und zellschützendem Vitamin E, das für strahlende Haut und glänzende Haare sorgt.

BEAUTY-PLUS

Sättigender Schönmacher: Die beiden Gemüsesorten Grünkohl und Rote Bete sind als Superfood in aller Munde. Ihr hoher Ballaststoffgehalt macht lange und vor allem kalorienarm satt. Grünkohl punktet mit reichlich Eisen, das für strahlendes Aussehen sorgt, und Rote Bete liefert zahlreiche zellschützende Antioxidantien.

BEAUTY-PLUS

Garantierter Muntermacher: Mikroalge Spirulina glänzt mit einem gesunden Mix aus Eisen, Vitamin A und K, der für schöne Haut und feste Nägel sorgt. Zudem stabilisiert sie den Blutzuckerspiegel und kann deshalb Heißhunger eindämmen. Feldsalat trumpft ebenfalls mit reichlich Eisen auf, das Müdigkeit entgegenwirkt. Melone steuert hautstraffendes Vitamin C und augenschützendes Vitamin A bei.

GRÜNKOHL-ROTE-BETE-SMOOTHIE

ZUTATEN

1 kleine Rote Bete (ca. 150 g)

50 g Grünkohl

150 g TK-Heidelbeeren

....

2 Personen (ca. 500 ml)

10 Minuten

ZUBEREITUNG

Die Rote Bete schälen und klein würfeln (Einmalhandschuhe tragen, da sie stark abfärbt). Den Grünkohl waschen, trocken schütteln und die dicken Stiele entfernen. Den Grünkohl grob zerkleinern.

Rote Bete, Grünkohl, Heidelbeeren und 150 ml Wasser im Mixer pürieren. Bei Bedarf etwas mehr Wasser dazugeben.

Zum Mitnehmen in zwei geeignete Gefäße füllen und bis zum Servieren kühl stellen.

GRÜNER SMOOTHIE MIT MELONE UND SPIRULINA

ZUTATEN

½ Melone (ca. 500 g; Galia oder Canteloupe)

1 Kiwi

½ Salatgurke (ca. 150 g)

50 g Feldsalat

1–2 TL Spirulinapulver

1–2 EL Honig (ersatzweise Agavendicksaft)

....

2 Personen (ca. 500 ml)

10 Minuten

ZUBEREITUNG

Die Melone schälen und entkernen. Die Kiwi schälen. Die Gurke waschen. Alles grob zerkleinern. Den Feldsalat waschen und trocken schütteln. Alles in den Mixer geben, das Spirulinapulver dazugeben und pürieren. Bei Bedarf etwas Wasser hinzufügen. Mit Honig abschmecken.

Zum Mitnehmen in zwei geeignete Gefäße füllen und bis zum Servieren kühl stellen.

JOGHURT-„CHEESECAKE" MIT HIMBEEREN

ZUTATEN

1 Limette

100 g leichter
Frischkäse

150 g Joghurt
(1,5 % Fett)

1 EL Agavendicksaft

2 Vollkornbutterkekse

150 g Himbeeren

2 TL Kakao-Nibs

....

für 2 Gläser
10 Minuten

ZUBEREITUNG

Die Limette auspressen. Den Frischkäse und den Joghurt cremig rühren. Die Creme mit Limettensaft und Agavendicksaft abschmecken und auf zwei Gläser verteilen. Je 1 Butterkeks darüberbröseln. Die Himbeeren vorsichtig waschen, trocken tupfen und darauf verteilen. Mit Kakao-Nibs bestreuen.

Zum Mitnehmen den Cheesecake in geeignete Gefäße füllen und bis zum Servieren kühl stellen.

BEAUTY-PLUS

Hautstraffender Cheesecake in light: Himbeeren können gleich mit zwei Beauty-Boostern punkten. Vitamin C fördert die Kollagenbildung und somit ein frisches Aussehen. Obendrein glänzen die Beeren mit zellschützenden Antioxidantien, die für glatte Haut sorgen. Joghurt trumpft mit knochenstärkendem Kalzium und hochwertigem Eiweiß auf. Kakao-Nibs runden den Cheesecake mit reichlich Zink für glänzende Haare ab.

SUPERFOOD-MÜSLIRIEGEL

Kalorien
139
pro
Riegel

ZUTATEN

220 g Datteln (am besten Medjool-Datteln)

150 g Haferflocken

3 EL Chiasamen

2 EL Kürbiskerne

3 EL Gojibeeren

1 EL Sesam

1 EL Matcha

1 EL Kokosöl

Außerdem:

Form (18 × 22 cm)

....

12 Riegel

15 Minuten

+ 2 Stunden Kühlzeit

ZUBEREITUNG

Die Datteln ggf. entkernen, in einen Mixer geben und mit der Hälfte der Haferflocken mixen. In eine Schüssel geben. Die restlichen Zutaten dazugeben und alles zu einer gleichmäßigen Masse verkneten.

Eine Form mit Backpapier auslegen und die Masse gleichmäßig etwa ½ cm dick darin verstreichen. Im Kühlschrank etwa 2 Stunden fest werden lassen.

Aus der Form lösen und mit einem scharfen Messer in 12 Riegel schneiden.

BEAUTY-PLUS

Die rohen Müsliriegel sind ein echtes Beauty-Geheimrezept, da alle wertvollen Inhaltsstoffe voll erhalten bleiben. Chiasamen liefern hochwertiges Eiweiß, den Grundstein für schöne Haut, Haare und Nägel. Haferflocken steuern reichlich Biotin für einen strahlenden Teint und glänzende Haare bei. Matcha vermindert mit Antioxidantien eine frühzeitige Faltenbildung. Sesam trumpft mit Vitamin E auf und verbessert das Hautbild, Kürbiskerne sorgen mit Zink für starke Nägel.

ORANGEN-QUARK-CREME MIT HANFSAMEN

ZUTATEN

1 Orange

250 g Magerquark

etwas Milch

1–2 EL Honig (ersatz-
weise Agavendicksaft)

1 EL geschälte
Hanfsamen

....

2 Personen

10 Minuten

ZUBEREITUNG

Die Orange schälen und filetieren, den Saft dabei auffangen. Die restliche Orange auspressen und den Saft auch auffangen.

Den Magerquark mit dem Orangensaft glatt rühren, ggf. noch etwas Milch hinzufügen. Mit Honig süßen. Auf zwei Gläser verteilen und die Orangenfilets darauf verteilen. Mit Hanfsamen bestreuen und servieren.

Zum Mitnehmen in ein geeignetes Gefäß füllen und bis zum Servieren kühl stellen.

BEAUTY-PLUS

Omega-3-Snack für glatte Haut: Hanfsamen trumpfen mit reichlich Gamma-Linolensäure auf, die für die Geschmeidigkeit der Haut sorgt und frühzeitige Faltenbildung mildert. Figurschmeichler Magerquark liefert hochwertiges Eiweiß, das gut sättigt. Orangen glänzen mit hautstraffendem Vitamin C.

SACHREGISTER

Dieses Register hilft dir, Rezepte und Erklärungen zu bestimmten Schlagwörtern wie Hautregeneration, Immunsystem oder Zellschutz zu finden. Es sind also nicht alle Rezepte alphabetisch aufgelistet, diese sind auf Seite 4/5 im Inhaltsverzeichnis vermerkt.

A

B

DANKSAGUNG

Ich möchte mich bei all meinen Lesern bedanken. Ihr Feedback, der Zuspruch und die vielfältigen Anregungen sind die Quelle meiner Projekte. Ob für dieses Buch oder meinen Blog **www.mehrlebensqualitaet.com.**

Vielen lieben Dank auch an meine Familie, besonders an meine Tochter, die mit ihren sechs Jahren stets ungeschöntes Feedback gibt und mit großer Begeisterung alle Gerichte probiert!

Ein herzliches Dankeschön auch an Juliane Rottach von EMF für das Herzblut, die vielen Stunden gemeinsamer Arbeit und das stete Streben, dieses Buch zu einem besonderen zu machen.

Danke!

ÜBER DIE AUTORIN

Christina Wiedemann (Dipl.-Oecotroph.) ist passionierte Ernährungswissenschaftlerin und veröffentlichte bereits mehrere erfolgreiche Bücher im Bereich Ernährung und Gesundheit. Ihre Leidenschaft zu diesen Themen bringt die Autorin unter anderem auf ihrem Blog **www. mehrlebensqualitaet.com** zum Ausdruck.

Die Qualität der Lebensmittel liegt ihr besonders am Herzen. Wer die richtigen Nährstoffe zu sich nimmt, fühlt sich nicht nur besser, sondern sieht auch besser aus. Vor allem frisches Obst und Gemüse sind dank ihrer wertvollen Inhaltsstoffe wahre Schohnheitselixiere und die Geheimwaffe für strahlendes Aussehen.

Christina Wiedemann studierte an der TU München-Weihenstephan Ökotrophologie. Sie ist außerdem zertifizierte Yogalehrerin (nach Yoga Alliance).

IMPRESSUM

Bibliografische Information der Deutschen Bibliothek.

Die Deutsche Bibliothek verzeichnet diese Publikation in der Deutschen National-
bibliografie.

Detaillierte bibliografische Daten sind im Internet über http://www.dnb.de/ abrufbar.

Die im Buch veröffentlichten Aussagen und Ratschläge wurden von Verfasser und
Verlag sorgfältig erarbeitet und geprüft. Eine Garantie für das Gelingen kann jedoch
nicht übernommen werden, ebenso ist die Haftung des Verfassers bzw. des Verlags
und seiner Beauftragten für Personen-, Sach- und Vermögensschäden ausgeschlossen.

Die angegebenen Kalorienangaben der Rezepte sind nur Richtwerte, da Lebensmittel Schwankungen aufgrund von unterschiedlichem Klima und Bodenbeschaffen-
heit, Anbaumethoden, Haltung und Fütterung unterliegen.

Bei der Verwendung im Unterricht ist auf dieses Buch hinzuweisen.

EIN BUCH DER EDITION MICHAEL FISCHER

1. Auflage 2018

© 2018 Edition Michael Fischer GmbH, Igling

Covergestaltung und Layout: Verena Raith
Satz: Sarah Wilde
Produktmanagement: Juliane Rottach
Lektorat: Sophie Lichtenstein, Berlin
Fotografie: Nadja Buchzcik, Bielefeld
Foodstyling: Anton Enns, Bielefeld

ISBN 978-3-86355-975-5

Printed in Slovakia

www.emf-verlag.de